Elin Meek

BUDAPEST

y Lolfa

Diolch i Heini Gruffudd a Steve Morris
am sawl awgrym defnyddiol

Argraffiad newydd: 2018
© Hawlfraint Elin Meek a'r Lolfa Cyf., 2007

Cynllun y clawr: Y Lolfa

Rhif Llyfr Rhyngwladol: 978 1 78461 557 4

Dymuna'r cyhoeddwyr gydnabod cymorth ariannol
Cyngor Llyfrau Cymru

Cyhoeddwyd ac argraffwyd yng Nghymru
ar bapur o goedwigoedd cynaliadwy gan
Y Lolfa Cyf., Talybont, Ceredigion SY24 5HE
e-bost ylolfa@ylolfa.com
gwefan www.ylolfa.com
ffôn 01970 832 304
ffacs 01970 832 782

Budapest, 2006

Nos Fercher

PENNOD 1

Gwin coch. Cerddoriaeth. Eisteddodd Gwyn Price yn ôl yn ei gadair. Roedd e wedi cael diwrnod da. Diwrnod da iawn a dweud y gwir.

watch

Roedd popeth wedi gweithio fel *wats*. Codi'n gynnar, gyrru i'r maes awyr a hedfan i Budapest. Dim problemau – am unwaith. Ar ôl glanio, dal bws i'r ddinas. Gwesty cyfforddus yn ardal Pest. Cinio ysgafn. *Cyfarfod* busnes da. Cerdded yn ôl i'r gwesty, a *gorffwys ychydig*. A nawr dyma fe, mewn tŷ bwyta.

meeting

rest a little

Roedd y lle'n llawn. Llawer o dwristiaid. Ond roedd pobl leol yno hefyd. Roedd Gwyn wedi bod yma sawl gwaith yn ddiweddar. Roedd yn hoffi'r lle yn fawr iawn. Y paneli pren, y papur wal drud a'r *darluniau* mewn fframiau aur.

pictures

Edrychodd Gwyn ar ei wats. Chwarter i naw. Roedd András yn hwyr. Yfodd ychydig o'r gwin coch. Roedd e'n hyfryd. Ond dim ond un gwydraid roedd e'n mynd i'w yfed. Roedd angen pen clir heno. Roedd busnes i'w drafod cyn y cyfarfod yfory. Roedd András, y *cyfreithiwr*, yn mynd i roi cyngor iddo. Roedd Gwyn eisiau ennill *cytundeb*

solicitor

contract

8

computers

pwysig i'w gwmni *cyfrifiaduron*. Tasai'n llwyddo, basai'n treulio llawer mwy o amser yn Budapest.

Dechreuodd y gerddoriaeth eto. Cerddoriaeth y sipsiwn. Roedd pedwar cerddor yn y grŵp yng nghornel yr ystafell. Pob un mewn *gwasgod* smart. Tawelodd pawb yn yr ystafell fawr. Gwenodd Gwyn. Roedd e'n mwynhau gwrando. Roedd bysedd y cerddorion a'u breichiau'n symud yn rhythmig. Perfformiad *anhygoel*.

"Hoffech chi rywbeth i'w fwyta, syr?" daeth llais y *gweinydd* o rywle.

Doedd Gwyn ddim wedi edrych ar y fwydlen yn iawn. Dywedodd fod person arall ar y ffordd. Aeth y gweinydd a'i adael a chododd Gwyn ei wydr gwin eto. Roedd hi bron yn naw o'r gloch. Ble roedd András, tybed?

Edrychodd Gwyn o'i gwmpas. Criw o dwristiaid oedd ar y bwrdd nesaf ato. Roedden nhw'n dechrau *mynd i hwyl*. Y gwin coch, meddyliodd Gwyn. Roedden nhw'n symud yn ôl ac ymlaen. Yn *siglo* i rythm y gerddoriaeth.

Doedd neb yn sylwi arno. Ond gwelodd Gwyn ei *adlewyrchiad* ei hun yn y ffenest. Un person wrth fwrdd i ddau. Dyn mewn siwt. Tri deg pump oed. Gwallt brown golau, sbectol fodern… doedd dim byd arbennig amdano. Beth

waistcoat

incredible

waiter

getting into the mood

to sway

reflection

am dyfu mwstás fel dynion Hwngari?
Na, efallai ddim.

Roedd y gerddoriaeth yn *cyflymu*. Y
twristiaid yn bwrw yn erbyn ei gilydd
fel dail yn y gwynt. *Uchafbwynt* y
gerddoriaeth. Yna, llawer o guro dwylo
a gweiddi, "Mwy, mwy, mwy!"

Dechreuodd y ffidlwr symud at y
byrddau. Gofyn am *gais* a chanu'r gân.
Dim ots pa gân – am arian, wrth gwrs.

Ymlaciodd Gwyn. Roedd e'n *edmygu'r*
cerddorion. Yn gallu chwarae heb gopi.
Roedd Gwyn wedi dysgu canu'r piano.
Blynyddoedd o wersi. Blynyddoedd o
ymarfer. Ond heb gopi, roedd e ar goll.

Caneuon o'r Almaen ac o America.
Dwy, tair, pedair cân. Erbyn hyn,
roedd y ffidlwr wedi aros wrth fwrdd
yng nghornel bellaf yr ystafell. Criw o
dwristiaid, meddyliodd Gwyn. Pobl *hŷn*.
Almaenwyr, siŵr o fod.

Edrychodd Gwyn draw eto. I bwy
roedd y ffidlwr yn chwarae nawr? Nid i
un o'r bobl hŷn. Menyw ifanc oedd wedi
gofyn am y gân. Menyw mewn ffrog
werdd. Gwallt tywyll *cyrliog*. Wyneb
trawiadol. Ond roedd hi'n edrych yn
drist.

Neidiodd calon Gwyn i'w wddf.
Roedd e'n adnabod yr wyneb. Oedd.
Wrth gwrs. Margit oedd hi. Margit
o Budapest. Margit oedd yn y coleg

to speed up

climax

request

to admire

older

curly
striking

gyda fe yn Milton Keynes. Yn astudio twristiaeth ac ieithoedd. Margit ei *gyngariad*.

ex-lover

Roedd calon Gwyn yn curo'n gyflym. Roedd e eisiau mynd ati. Siarad â hi. Gweld beth oedd ei hanes. Oedd hi'n dal i weithio yma? Gyda thwristiaid? Ac – oedd hi'n sengl o hyd? Ie, dyna'r cwestiwn mawr pwysig. Roedd e eisiau gwybod yr ateb.

Roedd rhaid aros tan ddiwedd y gân. Wedyn byddai'n mynd draw – ar unwaith. Roedd rhaid iddo gael gair â hi.

Yn sydyn, clywodd Gwyn ei ffôn bach yn canu yn ei boced. O na, nid nawr, meddyliodd. András oedd yno, siŵr o fod. Roedd gormod o sŵn i siarad. Cododd Gwyn o'i gadair a mynd allan i'r bar. Roedd e eisiau *cadw llygad* ar yr ystafell fwyta. Ond roedd hi'n rhy swnllyd yn y bar hefyd. Cerddodd allan i ardd fach. Dim ond un neu ddau oedd yno. Eisteddodd wrth un o'r byrddau.

to keep an eye on

"Gwyn, dw i'n *ymddiheuro*." Llais András. "Dw i yn y gwaith o hyd. Fydda i ddim yn hir. Deg munud arall, efallai. Mae un neu ddau o bethau wedi codi."

to apologise

"Popeth yn iawn," meddai Gwyn. Ceisiodd orffen y sgwrs. Ond na, roedd András yn *egluro* rhywbeth. Cwestiynau. Atebion. Angen ffonio rhywun arall.

to explain

11

Angen anfon *e-bost* arall.

O'r diwedd, daeth y sgwrs *i ben*. Deg munud wedi hedfan. Cerddodd Gwyn yn gyflym yn ôl drwy'r bar. Ymlaen i'r ystafell fwyta. Roedd y twristiaid o Loegr yn gadael. Gwthiodd ei ffordd drwyddyn nhw. Roedd y gerddoriaeth wedi dod i ben. Roedd y cerddorion yn gadael. Hanner awr wedi naw. Diwedd y sifft. Edrychodd Gwyn yn wyllt o gwmpas yr ystafell.

Roedd y lle bron yn wag. Doedd dim llawer o bobl ar ôl. Doedd dim sôn am y bobl hŷn. Dim sôn am Margit. Roedd hi wedi gadael hefyd.

Dydd Iau

PENNOD 2

patience

"Iawn, pawb i'r bws, os gwelwch yn dda." Roedd Rolf yn colli *amynedd*. Am ddeg o'r gloch y bore. Pam roedd e wedi trefnu'r daith yma? Llond bws o bobl hŷn. Pawb dros saith deg. Rhai dros wyth deg, hyd yn oed.

nightmare

Ddoe, roedd y daith o'r Almaen wedi bod yn *hunllef*. Roedd problem gan un fenyw, Trude. Ac roedd rhaid aros bob awr. Erbyn y diwedd roedd pawb arall eisiau 'mynd' bob awr hefyd. Teithio am awr, aros am chwarter awr – yr holl ffordd. Hunllef.

Ond ar ôl cyrraedd Budapest, roedd pethau wedi gwella. Roedd Margit yn disgwyl amdanyn nhw yn y gwesty. Doedd dim byd yn ormod iddi –

complaints

cwestiynau, *cwynion*, problemau. Ystafell swnllyd? Hawdd symud. Ystafell â gwely dwbl yn lle dau wely sengl? Hawdd

to exchange

newid neu *gyfnewid*. Basai Rolf ar goll hebddi. Diolch byth am Margit.

Gwenodd Margit ar Rolf. Roedd hi'n deall, meddyliodd Rolf. "Iawn, ydy pawb

hopefully

yma?" gofynnodd yn *obeithiol*. Ond roedd tair sedd wag o hyd. Edrychodd Rolf yn ôl at y gwesty. Roedd pâr yn cerdded yn araf at y bws. Dyna ddwy

sedd. Doedd dim angen gofyn pwy oedd
ar ôl. A doedd dim angen gofyn ble
roedd hi. Edrychodd Rolf ar Margit a
rholio ei lygaid.

"Fydd hi ddim yn hir, gobeithio,"
meddai Rolf. "Bydd rhaid stopio'r bws
eto mewn awr."

"Peidiwch â phoeni," meddai Margit.
"Mae digon o amser. Rhaid dal y llong
am hanner dydd, dyna i gyd."

Doedd Margit ddim yn poeni. Roedd
digon o amser. Ac roedd hi'n edrych
ymlaen at y daith. Gadael Budapest a
mynd i ardal Llyn Balaton. Croesi'r llyn,
pryd o fwyd, ymweld â ffatri *borslen* – ac
yn ôl. Digon syml, meddyliodd Margit.
Fel arfer.

Roedd Rolf yn edrych wedi blino.
Faint oedd ei oedran e, tybed? Roedd
ychydig yn hŷn na hi, meddyliodd
Margit. Tua *deugain*, efallai. Roedd
e'n gwneud ei orau. Ond doedd e ddim yn
ymdopi'n dda â'r holl bobl hŷn. Gormod
o *gyfrifoldeb*. Gormod o gwestiynau.
Gormod o broblemau. Ond dyna oedd
gwaith Margit. Ateb cwestiynau. *Datrys*
problemau – problemau pobl eraill.

O'r diwedd, roedd y bws ar ei ffordd.
Gadael canol y ddinas. Heibio'r fflatiau
ac i'r *draffordd*.

Daeth Rolf i eistedd wrth ochr Margit.
"Pawb yn hapus," meddai, gan wenu.

15

for the time being

Central long wide

to wander

pensioners

widows

bitter cruel

"*Am y tro*, beth bynnag."

"Iawn, gwell i mi ddechrau dweud rhywbeth," meddai Margit.

"Dim ond awr sydd gyda chi. Na – dim ond pedwar deg munud," meddai Rolf, gan edrych ar ei wats a chwerthin.

Aeth Margit ymlaen at y gyrrwr a chodi'r meicroffon.

"Bore da, bawb!" meddai Margit mewn Hwngareg.

"Bore da, Margit," atebodd pawb a chwerthin. Roedd hi wedi dysgu 'bore da', 'diolch', a 'nos da' iddyn nhw.

"Heddiw ry'n ni'n mynd i ardal Llyn Balaton," dechreuodd Margit, "Llyn Balaton yw'r llyn mwyaf yng *Nghanolbarth* Ewrop. Mae'n 77km *o hyd* a rhwng 4km a 14km *o led*..."

Roedd meddwl Margit yn *crwydro* wrth siarad. Bob amser. Cyfle da i edrych ar bawb yn y bws. *Pensiynwyr* o'r Almaen oedd y rhain. Arian ac amser i fwynhau. Parau priod hapus, parau priod anhapus. *Gweddwon* hapus, gweddwon anhapus. Ambell un sengl. Oedden nhw'n hapus neu'n anhapus? Anodd dweud. Rhai'n edrych yn ifanc, eraill yn edrych yn hen. Neu'n *chwerw*. Roedd bywyd yn *greulon*. I rai, meddyliodd Margit.

Ar ôl siarad am chwarter awr, eisteddodd Margit eto.

"Dw i ddim eisiau dweud gormod

wrthyn nhw," meddai wrth Rolf.

"Na, *doeth* iawn," atebodd Rolf.

"Gallwn i ddweud llawer mwy, wrth gwrs," meddai Margit. "Ond fydd neb yn cofio popeth."

"Na fydd," meddai Rolf, "dw i'n cael y broblem honno hefyd. Sut bydda i os bydda i'n byw i fod yn wyth deg, dw i ddim yn gwybod! Gwell i chi beidio rhoi *prawf* i ni ar y ffordd 'nôl!"

Gwenodd y ddau.

Oedd, roedd llawer mwy i'w ddweud. Gallai Margit sôn am *frwydr* ar ddiwedd yr Ail *Ryfel Byd*. Yr Almaenwyr yn colli'r frwydr ger Llyn Balaton ym mis Mawrth 1945. A'r *Fyddin Goch* yn dod i mewn. Ond doedd hi ddim yn stori *addas*. Ddim i'r *criw* yma o'r Almaen. Roedden nhw'n gwybod yr hanes, beth bynnag. Pobl o'r oedran yma. Yn adnabod *milwyr* fuodd yn y frwydr, efallai.

"Gobeithio bydda i fel nhw pan fydda i'n hen," meddai Margit. "Mae digon o fynd ynddyn nhw. Mae llawer o bobl yr un oedran â nhw'n eistedd yn y gornel."

"Yn gwylio'r teledu drwy'r dydd," meddai Rolf.

"Maen nhw'n ifanc eu *hysbryd*, rhaid dweud," meddai Margit. "Roedd fy mam-gu'n debyg iddyn nhw. Buodd hi farw rai blynyddoedd yn ôl. O ardal Llyn Balaton roedd hi'n dod yn wreiddiol."

17

wise

test

battle
World War

Red Army
appropriate
crowd

soldiers

spirit

"Beth oedd ei hoedran hi?" gofynnodd Rolf.

"Wyth deg dwy," meddai Margit. "Ond cafodd hi iechyd da tan y diwedd."

"Buodd hi'n lwcus, felly," meddai Rolf.

"Do, mewn ffordd. Buodd hi'n lwcus yn y diwedd," meddai Margit.

Edrychodd Margit drwy'r ffenest a meddwl am ei mam-gu. Roedd hi'n hawdd cofio amdani heddiw. Do, buodd ei mam-gu'n lwcus mewn sawl ffordd. Cael ei geni i deulu eithaf cyfoethog. Roedd gwesty gyda'r teulu. Digon o waith i'w rhieni. Digon o hwyl iddi hi a'i brawd. Roedd hi wedi mwynhau ei *phlentyndod*. Ond roedd hi wedi *dioddef* wedyn. Byw drwy'r Ail Ryfel Byd. Byw, a gweld eraill yn marw. Efallai fod hynny'n *waeth* na dim.

Ar ôl y rhyfel, roedd y *comiwnyddion* wedi mynd â phopeth. Wedi cymryd y gwesty. Diolch yn fawr. I ffwrdd â chi. Blynyddoedd o waith caled y teulu. Yn *diflannu* dros nos.

A dim llawer o *iawndal* chwaith. Digon i brynu fflat fach yn Budapest. Dyna lle ganwyd mam Margit. A Margit ei hun. Yma roedd Margit yn dal i fyw. Fflat fach dywyll wrth yr orsaf drenau. Sŵn trenau ddydd a nos. Ond roedd hi *wedi arfer*.

childhood
to suffer

worse
communists

to disappear
compensation

got used to

tired

"Popeth yn iawn?" gofynnodd Rolf. Roedd Margit wedi mynd yn dawel iawn. Efallai ei bod hi'n *flinedig* hefyd, meddyliodd Rolf. A dim ond ers dau ddiwrnod roedd hi wedi bod gyda nhw!

"Popeth yn iawn," atebodd Margit. Gwenodd ei gwên orau. Roedd hi'n dda am wenu. Cuddio popeth. "Ry'n ni tua hanner ffordd nawr. Fyddwn ni ddim yn rhy hir."

steps

Daeth sŵn *camau* y tu ôl iddyn nhw. Camau bach yn cyflymu.

"Sori," meddai'r llais. Trude oedd yno. "Allwn ni stopio?"

PENNOD 3

tossing and turning

advice
figures
to venture

Diolch byth am goffi du, meddyliodd Gwyn yn swyddfa András y cyfreithiwr. Doedd e ddim wedi cysgu'n dda. *Troi a throsi*. Meddwl am y cyfarfod. Cofio *cyngor* András yn y tŷ bwyta. Wedyn, ganol nos, edrych ar y *ffigurau*. Oedd e'n *mentro* gormod o arian y cwmni? Beth tasai un o'r partneriaid yn tynnu allan? Beth tasai...?

Ganol nos, roedd popeth yn edrych

yn ddu. Roedd yn teimlo'n ofnus am y cyfarfod. Ond doedd dim *rheswm* i boeni. Roedd yn gwybod hynny. Roedd yn gwybod bod popeth yn iawn. *Yn y bôn.* Ac roedd popeth wedi mynd yn iawn.

Roedd Gwyn wedi *cynhyrfu* ar ôl gweld Margit. Pan oedd y cwmni'n datblygu'r busnes, roedd e wedi dewis Budapest achos y *cysylltiad* â Margit. Felly, bum mlynedd yn ôl, y tro cyntaf y daeth e i Budapest, roedd e wedi bod yn meddwl amdani. Yn hanner chwilio amdani. Yn cofio'r *mannau* roedden nhw wedi ymweld â nhw. Ond gydag amser, roedd e wedi anghofio popeth. Rhaid ei bod hi wedi symud o Budapest. Neu'n *magu teulu.* Doedd e byth yn meddwl amdani erbyn hyn.

Ond roedd neithiwr wedi *corddi* hen deimladau. Fel arfer, doedd e ddim yn poeni llawer am gyfarfodydd busnes. Roedd y gwaith paratoi wedi'i wneud. Doedd dim pwynt poeni. Ond neithiwr, roedd Gwyn wedi bod yn meddwl am Margit. Ac yn poeni am y cyfarfod hefyd. Roedd e wedi *colli cwsg* heb eisiau. Poeni heb eisiau. *Amau* heb eisiau.

Doedd dim angen poeni. Roedd popeth wedi mynd yn ardderchog. A'i gwmni wedi cael cytundeb pwysig. Gallai'r cwmni fod yn werth arian

reason

essentially

excited

connection

places

to bring up a family

to stir

to lose sleep
to doubt

mawr mewn blwyddyn neu ddwy. Dyna oedd yn bwysig nawr. Roedd rhaid *canolbwyntio* ar hynny. Doedd dim pwynt meddwl am Margit. Roedd hi'n wraig briod, mae'n siŵr. Gŵr a phlant. Yn hapus. Beth oedd yn bod arno neithiwr?

to concentrate

Daeth András yn ôl i'r swyddfa.

"Aeth pethau'n dda, Gwyn."

"Do, yn dda iawn," meddai Gwyn. "Diolch i ti."

"Wel, paratoi yw popeth, fel rwyt ti'n gwybod."

"Rwyt ti'n gyfreithiwr gwych, András."

laughed

Chwarddodd András. Roedd yr un oedran â Gwyn. Yn mwynhau bywyd. Yn mwynhau gweld Budapest yn newid. Yn rhoi cyfle iddo wneud arian. Arian oedd popeth, roedd András wedi penderfynu. Roedd arian yn rhoi pethau iddo – dillad da, car drud. Roedd hynny'n bwysig. Pan oedd e'n blentyn, roedd yn gwisgo'r un esgidiau â phawb arall. A'i dad wedi gyrru'r un car â phawb arall – Lada. Nawr roedd dewis ganddo. Roedd hynny'n bwysig. Siwt smart, car cyflym. Roedd y byd yn agor i András fel blodyn yn agor yn yr haul.

"Pryd rwyt ti'n hedfan 'nôl?" gofynnodd András. Doedd Gwyn byth yn aros yn hir yn Budapest. Hedfan draw,

21

cyfarfod ac yna hedfan 'nôl.

"Wel, mae tocyn gyda fi i hedfan y prynhawn 'ma," meddai Gwyn. "Ond dw i'n mynd i aros am ddiwrnod neu ddau, dw i'n credu."

to be surprised

"O?" Roedd András yn *synnu*. "Wyt ti am gymryd gwyliau?"

"Na, nid gwyliau," atebodd Gwyn. "Meddwl ro'n i... bydd rhaid i mi ddod

more often

draw yn *amlach* nawr... gwell prynu fflat."

"Syniad ardderchog, Gwyn," meddai András. Mae prisiau'r fflatiau'n codi'n

to invest

gyflym. Ffordd dda o *fuddsoddi* arian. A dweud y gwir..."

Dechreuodd András ddisgrifio sut roedd e wedi prynu fflat yn ddiweddar. Hen adeilad wedi'i droi'n fflatiau modern. Yng nghanol y ddinas ond mewn stryd dawel. Roedd András wedi *gosod* let y fflat. Dyna'r ffordd orau o wneud arian, wrth gwrs.

excited

"Dw i'n credu bod ambell un ar ôl," meddai András yn *gyffrous*. "Wyt ti eisiau i mi ffonio i gael gweld? Os wyt ti'n hoffi'r lle, fyddi di ddim yn hir cyn prynu. Dw i'n gweithio'n gyflym, rwyt ti'n gwybod hynny."

"Gad i mi gael coffi gyntaf, András," meddai Gwyn a chwerthin. Doedd

to waste

András byth yn *gwastraffu* amser. Roedd Gwyn yn hoffi hynny. Roedd rhaid

ahead

to compare

to promise

often

to wander

information

just remembered

fifteen

symud yn gyflym yn Budapest. I fod *ar y blaen* i bawb arall. Ond weithiau, roedd András yn symud ychydig yn rhy gyflym.

"Os oes fflatiau ar ôl, basai'n syniad da," meddai Gwyn. "Ond dw i eisiau gweld fflatiau eraill hefyd. I gael *cymharu*. Rwyt ti'n deall, on'd wyt ti?"

"Wrth gwrs, popeth yn iawn," meddai András. "Ond mae'r fflatiau hyn yn fflatiau da, dw i'n *addo* i ti."

Ffoniodd Gwyn ei gwmni 'nôl yng Nghymru. Roedd e eisiau treulio tri diwrnod arall yn Budapest. Dim problem. Roedd ei ysgrifenyddes yn mynd i ffonio'n *aml*. Doedd dim rhaid iddo fod yno. Roedd y cwmni'n rhedeg ei hunan erbyn hyn.

Cyn hir, roedd Gwyn yn *crwydro'r* strydoedd. Roedd András wedi rhoi *gwybodaeth* iddo. Digon i ddechrau chwilio. Yn ardal Pest roedd e. Gwenodd Gwyn. Roedd e *newydd gofio*. Margit oedd wedi egluro iddo am y ddwy dref bob ochr i'r afon *Danube*: Buda a Pest. Y tro cyntaf iddo fod yma gyda hi. Faint o flynyddoedd yn ôl? Deuddeg? *Pymtheg*? Doedd e ddim yn cofio'n iawn.

Pest oedd calon y ddinas. Y rhan brysur. Yn boeth iawn yn yr haf. Tynnodd Gwyn ei dei ac agor botwm ei goler. Roedd e'n hoffi Budapest. Nid hanner dinas oedd hi, ond dinas

real
grand

internet

on tenterhooks

go iawn. Prifddinas go iawn. Strydoedd llydan, adeiladau *mawreddog,* tramiau melyn a gwyn.

Ie, chwilio am fflat roedd e. Ond doedd dim rhaid aros yn Budapest i wneud hynny. Basai'n hawdd ffeindio fflat ar y *we.* Roedd e'n gwybod pa ardal roedd e'n ei hoffi. Doedd dim rhaid iddo aros yma.

Ond roedd rheswm arall dros aros. Roedd Gwyn wedi gweld Margit unwaith. Roedd eisiau ei gweld hi eto. Ar ôl gweld y fflatiau, roedd eisiau dechrau chwilio amdani.

Oedd, roedd rhaid iddo aros.

PENNOD 4

"Dyma ni'n cyrraedd Siófok. Mae'r llong yn gadael am hanner dydd. Felly, os gallwch chi ddod allan o'r bws yn gyflym…

Roedd Margit *ar bigau drain,* ond doedd hi ddim eisiau dangos hynny. Roedd y bore wedi hedfan. Fel arfer, roedd digon o amser i gyrraedd Siófok o Budapest. Ond ddim heddiw. Roedden nhw wedi stopio sawl gwaith. Erbyn hyn, roedd y gyrrwr wedi cael digon. Dim rhyfedd. Roedd e eisiau gyrru, nid aros o hyd.

Dechreuodd pawb adael y bws. Safodd Margit a Rolf wrth y drws i helpu pawb dros y grisiau. Sylwodd Margit mor ofalus roedd Rolf wrth helpu pawb. Roedd y bobl hŷn yn ei hoffi. Roedd e fel mab iddyn nhw i gyd. Arhosodd y gyrrwr yn ei sedd, yn *gwgu*. Roedd rhaid iddo eu casglu o'r llong ar ôl iddyn nhw groesi draw. Doedd dim llawer o amser ganddo i yrru o gwmpas y llyn.

Roedd hi'n gymylog iawn ar lan Llyn Balaton. Doedd Margit ddim yn synnu. Roedd hi'n aml yn gymylog neu'n bwrw glaw yno.

"Mae'r gwynt wedi codi," meddai Rolf. Roedd yn edrych yn *bryderus* ar y llyn llwyd. Roedd *tonnau*'n torri *ar y lan*.

"Wel, môr Hwngari yw'r enw arall ar Lyn Balaton," meddai Margit, a gwenu. "Ond peidiwch â phoeni. Dyw hi byth yn stormus iawn ar y llyn."

Roedd y llong yn aros amdanyn nhw. Rhedodd Margit ymlaen i siarad â'r capten. Cerddodd pawb arall yn araf draw ati. Cerddodd Rolf y tu ôl i bawb, fel ci defaid, yn gyrru'r *praidd* ymlaen.

Chwarter awr yn ddiweddarach,

frowning

worried
waves
on the shore

flock

25

dechreuodd y llong symud. Taith o dri chwarter awr oedd hi, meddai'r capten. Draw i *benrhyn* Tihany. Dechreuodd un o'r Almaenwyr ganu cân werin am *hwylio* ac yna canodd pawb. Gwenodd Margit. Roedd hi'n siarad Almaeneg yn dda, ond doedd hi ddim yn gwybod llawer o ganeuon gwerin. Roedd hi'n mwynhau *eiliadau* fel hyn.

Ar ôl dwy neu dair cân, sylwodd Margit fod cymylau du'n dod yn *nes*. Edrychodd ar y twristiaid. Roedd pob un yn gwisgo dillad ysgafn. Roedden nhw wedi disgwyl tywydd braf a chynnes, fel tywydd Budapest. Roedd llawer o'r dynion mewn trowsus byr. A'r menywod mewn ffrogiau haf neu sgert a blows *llewys cwta*.

"Dyw hi ddim yn edrych yn rhy dda." Roedd Rolf yn edrych yn bryderus eto.

"Nac ydy," cytunodd Margit. "Mae'r gwynt yn codi eto."

Ac yn wir, wrth iddi ddweud hynny, dechreuodd y llong symud i fyny ac i lawr yn *wyllt*. Sgrechiodd rhai o'r menywod. Gwenodd Rolf a Margit. Roedd rhaid ceisio edrych fel tasai popeth yn iawn. Dyna oedd eu gwaith nhw. Gwneud i bawb deimlo'n ddiogel. Ond doedd hi ddim yn hawdd heddiw.

Cododd *blaen* y llong yn uchel. Torrodd ton fawr dros un ochr o'r llong.

peninsula

sailing

seconds

closer

short-sleeved

wild   screamed

bow

Sgrech arall.

"Dw i wedi *gwlychu*!" Trude – y fenyw â'r 'broblem'. Roedd un ochr ei sgert yn *wlyb domen*.

Edrychodd Rolf a Margit ar ei gilydd. A cheisio peidio â gwenu.

"Peidiwch â phoeni, Trude," meddai Margit. "Cewch chi eistedd wrth y *gwresogydd* ar y bws i sychu'r sgert."

Ond doedd Trude ddim yn edrych yn hapus iawn chwaith.

Dechreuodd rhagor o donnau dorri dros ymyl y llong. Roedd rhagor o bobl yn gwlychu. Symudodd rhai i ochr draw'r llong.

"Symudwch yn ôl, os gwelwch yn dda." Llais y capten. "Mae angen cadw'r llong yn *wastad*."

Cwyno mawr. Symudodd Rolf a Margit draw i'r ochr arall a gwisgo cotiau glaw ysgafn.

Wedyn dechreuodd y glaw. *Glaw mân* i ddechrau, yna glaw trwm. Doedd dim llawer o *gysgod* o gwbl. Gwasgodd pawb at ei gilydd i wneud lle. Diolch byth, roedd rhai wedi dod â chotiau. Arhoson nhw lle roedden nhw. Aeth pawb yn dawel iawn. Doedd dim i'w glywed. Dim ond sŵn y glaw yn curo. A'r tonnau'n torri.

"Trueni," meddai Rolf. "Bydd hyn yn *difetha'r* diwrnod."

"Gobeithio ddim. Dim ond cawod yw hi," meddai Margit.

Edrychodd Margit ar ei wats. Roedd hi'n un o'r gloch. Roedd y daith yn cymryd llawer gormod o amser. Roedd Tihany'n edrych yn bell i ffwrdd. Roedd y twristiaid yn edrych yn ddiflas. Yn ddiflas ac yn oer. A rhai ohonyn nhw'n wlyb.

Roedd y llong yn dal i godi a siglo gyda'r tonnau. Doedd Rolf ddim yn teimlo'n rhy dda. Doedd e erioed wedi mwynhau bod mewn llong neu gwch.

Yn sydyn, cododd un o'r dynion. Roedd e'n gwisgo trowsus byr. Trowsus byr iawn – a choesau robin goch.

"O na," meddai Rolf. "Dydy Heinrich ddim yn teimlo'n dda." Roedd wedi gweld ei wyneb gwyrdd.

side

he gripped tightly

to stoop

Rhedodd Heinrich draw i *ymyl* y cwch. *Daliodd yn dynn* yn yr ymyl. Pwysodd ymlaen a *phlygu* ei ben. Edrychodd pawb arall i ffwrdd. Ond roedd hi'n amhosibl peidio â chlywed sŵn y *chwydu*.

vomit

"Druan â fe," meddai Rolf.

Ar ôl ychydig, cododd Heinrich. Safodd Rolf ar ei draed a cherdded ato.

"Ydych chi'n teimlo'n well nawr?" gofynnodd Rolf. Roedd Heinrich yn dal i edrych yn wyrdd. Yn wyrdd golau, efallai, meddyliodd Rolf.

"Diolch yn fawr i chi am ofyn. Mae popeth yn iawn, Rolf bach," meddai Heinrich. "Sori, bawb," meddai mewn llais uchel. "Dyn tir sych dw i."

Chwarddodd pawb. Diolch byth am Heinrich, meddyliodd Rolf. Roedd rhai'n cwyno o hyd, ac eraill yn diolch am bopeth. Hyd yn oed ar ôl chwydu dros ymyl llong.

Yn rhyfedd iawn, newidiodd pethau *abated* wedyn. *Gostegodd* y gwynt. Stopiodd y glaw. Roedd Tihany'n dod yn nes. Roedd pawb yn teimlo'n well.

"Beth am gân arall?" gofynnodd Margit.

"Ie, dewch, bawb," meddai Rolf. "Dewch i ni ganu cân neu ddwy cyn *to land* *glanio.*" *to lead*

Cododd ar ei draed a dechrau *arwain* pawb. Roedd yn canu'n dda. Llais tenor hyfryd. Edrychodd Margit arno a gwenu. Roedd hi'n dechrau mwynhau bod gyda'r criw yma o'r Almaen.

Erbyn cyrraedd Tihany, roedd pawb *in a better mood* *mewn hwyliau gwell.* A phawb yn barod i fwynhau pryd o fwyd.

no sign of Ond doedd *dim sôn am* y bws yr ochr draw.

PENNOD 5

Mae pob fflat yn Budapest ar werth, meddyliodd Gwyn. Roedd *pentwr o daflenni* ganddo. "Fflatiau bach, fflatiau mawr, fflatiau ar y trydydd llawr," meddai o dan ei wynt. Na, doedd e ddim yn *fardd*. Ond tasai e'n fardd, fasai e ddim yn ysgrifennu barddoniaeth am y fflatiau hyn.

Roedd *pob twll a chornel* yn Budapest wedi'i droi yn fflatiau. I wneud arian – arian mawr hefyd. Nid fflatiau i bobl leol oedden nhw, yn sicr. Fflatiau i bobl fel fe. Pobl oedd eisiau rhywle i aros. Pobl oedd eisiau buddsoddi arian. Nid cartrefi *go iawn*. Fasai pobl leol byth yn gallu *fforddio'r* prisiau uchel. Roedd rhywun yn rhywle'n gwneud arian mawr, meddyliodd Gwyn. Pobl fel András, meddyliodd wedyn, a gwenu.

Erbyn hyn, roedd Gwyn wedi croesi'r afon i hen dref Buda. Roedd yn eistedd y tu allan i gaffi. Roedd e'n hoffi'r stryd hon. Roedd hi'n arwain at Eglwys Mátyas. Eglwys wen â *thŵr* hardd. Roedd y to'n lliwgar hefyd – teils coch, melyn, gwyrdd a du mewn patrwm diddorol.

Aeth *cerbyd agored* heibio. Roedd

pile of leaflets

poet

nook and cranny

real
to afford

tower

open carriage

yn cael ei dynnu gan ddau geffyl gwyn
hardd. Roedd y gyrrwr yn gwisgo het
ddu, crys gwyn a gwasgod ddu. Roedd
dau ddyn – o Japan – yn eistedd yn y
cerbyd i gael gweld y ddinas.

Roedd Gwyn a Margit wedi bod ar
daith fel hyn. Yr haf ar ôl iddyn nhw
gwrdd yn y coleg.

Sut roedden nhw wedi cwrdd?
Ceisiodd Gwyn feddwl yn ôl. Roedden
nhw'n byw ar yr un llawr yn y *neuadd
breswyl*. Roedd Gwyn wedi gweld Margit
o gwmpas. Wedi sylwi ar y llygaid brown
cynnes a'r gwallt tywyll cyrliog. Ond
yn y gegin roedden nhw wedi cwrdd. Y
gegin fach lle roedd pawb yn coginio.
Nid coginio go iawn. *Twymo ffa pob.*
Gwneud caws ar dost. Berwi wy. Roedd
y sinc yn llawn llestri *brwnt* bob amser.

Roedd Gwyn yn cofio'r sgwrs gyntaf
gawson nhw. Trafod eu cyrsiau yn y
coleg. Roedd hi'n astudio *ieithoedd* a
thwristiaeth. Cyfrifiaduron a busnes
oedd *pynciau* Gwyn. Roedd y ddau yn y
flwyddyn olaf ac *arholiadau ar y gorwel*.
A'r ddau'n poeni. Ond *o leiaf* roedd
un gwyliau haf hir arall cyn dechrau
gweithio. Oedd e wedi teithio llawer,
gofynnodd Margit? Nac oedd, roedd
rhaid i Gwyn *gyfaddef*. Gwyliau haul
yn Sbaen a gwlad Groeg, dyna i gyd.
Cyn hir, roedd hi wedi dechrau sôn am

hall of residence

*heating baked
beans*

dirty

languages

subjects
*examinations
looming*
at least

to admit

Budapest. Dweud dinas mor braf oedd hi. A Gwyn yn mwynhau gwrando ar ei llais hyfryd.

Cyn diwedd tymor y Nadolig, roedden nhw'n gariadon. Gyda'i gilydd o hyd, fwy neu lai. Roedd Gwyn yn helpu Margit gyda'i Saesneg. A Margit yn gofyn i Gwyn egluro iddi sut roedd byd busnes yn gweithio. Roedd y ddau wrth eu bodd.

to separate

Ond roedd rhaid *gwahanu* dros wyliau'r Nadolig. Roedd Gwyn yn cofio ffarwelio â Margit yn yr orsaf. Cydio'n dynn yn ei gilydd. Gwyn yn *plannu* ei wyneb yn ei gwallt tywyll cyrliog. Margit yn torri ei chalon. *Dagrau* mawr. A Gwyn yn ceisio bod yn gryf.

to plant

tears

Yna, daeth ei rieni i'w nôl adref. Ond roedd Gwyn yn methu siarad â nhw. Roedd e'n meddwl am Margit drwy'r amser. Oedd hi wedi cyrraedd adref yn ddiogel? Roedd Margit wedi addo anfon cerdyn post ar ôl cyrraedd. Doedd hi ddim eisiau ffonio. Basai hi'n gwneud dim ond crio ar y ffôn, meddai hi. Gwenodd Gwyn. Basai ffôn *symudol* wedi bod yn *ddefnyddiol*. Heddiw, roedd *neges destun* yn cyrraedd mewn munud. Roedd y cerdyn post wedi cymryd dros wythnos.

mobile
useful
text message

Ond daeth dechrau'r *tymor* newydd. Roedd hi'n hyfryd gweld ei gilydd eto.

term

32

Gwyn yn mynd i'r orsaf i nôl Margit. Y trên yn cyrraedd y platfform. Clywed Margit yn gweiddi ei enw. Yna sŵn ei hesgidiau ar y platfform. Cydio'n dynn ynddi. Plannu ei wyneb yn ei gwallt tywyll cyrliog. Doedd e byth eisiau iddyn nhw fod ar wahân eto.

Hedfanodd y ddau dymor olaf. Yna, daeth yr arholiadau. Bu'r ddau'n gweithio'n galed. Yn y *llyfrgell*. Ar yr un bwrdd. Codi pen *bob hyn a hyn*. Gwyn yn rhedeg ei law trwy wallt Margit. Gwenu ar ei gilydd. Mynd am baned. Cwrdd â ffrindiau amser cinio. Yna'n ôl i'r llyfrgell. Fel arfer, roedden nhw'n gweithio'n hwyr. Cerdded yn ôl *law yn llaw* i'r neuadd breswyl. A chysgu gyda'i gilydd yn y gwely sengl yn ystafell Margit.

Gwnaeth y ddau'n dda yn eu harholiadau *gradd*. Roedd rhaid mynd allan i *ddathlu* gyda ffrindiau. Gwisgo'n smart. Pryd o fwyd. Band yn chwarae. Dawnsio tan yr *oriau mân*. Noson *fythgofiadwy*.

Yn ystod yr haf, daeth Margit i aros at Gwyn a'i rieni am wythnos. Ond cafodd Gwyn *siom*. Roedd ei rieni'n bell ac *oeraidd*. Doedd dim diddordeb ganddyn nhw yn Margit. Ofynnon nhw ddim cwestiynau am Budapest. Felly, doedd dim cyfle i Margit siarad a dangos

library
every now and then

hand-in-hand

degree
to celebrate

small hours
unforgettable

disappointment
cold

ei gwybodaeth. Roedd hi'n dawel a *swil*.
Ac yn deall beth oedd yn bod. Doedd
rhieni Gwyn ddim yn meddwl ei bod hi'n
ddigon da iddo.

Fel arfer, roedd Gwyn yn gweithio
gyda chwmni ei *ewythr* dros y gwyliau.
Ond eleni, roedd e eisiau mynd i deithio
gyda Margit. Doedd ei rieni ddim yn
hapus am hynny *chwaith*. Roedd Gwyn
yn colli cyfle i ddysgu mwy am fusnes.
Ac yn colli *cyflog* Roedd ei ewythr yn
bwriadu cynnig swydd iddo. Gwastraff
amser oedd teithio gyda Margit.

Ond roedd Gwyn yn *benderfynol* o
fynd. Tocyn trên. Teithio am fis cyfan.
Roedd pedair wythnos ganddyn nhw.
Roedd popeth yn bosibl. Roedden nhw
eisiau mynd i bobman. Paris, Madrid,
Rhufain, Munich, Vienna. A Budapest,
wrth gwrs.

Pan gyrhaeddon nhw Budapest,
cafodd Gwyn groeso gwych. Mam a
mam-gu Margit yn yr orsaf yn disgwyl.
Margit a'i mam yn cydio'n dynn yn ei
gilydd. Mam-gu Margit yn rhoi ei dwylo
am wyneb Gwyn a rhoi cusan iddo.
Yna'n ôl i'r fflat fach. Tad Margit yn
cyrraedd adref. Cwtsh enfawr i Margit.
Gwên enfawr i Gwyn. *Ysgwyd llaw*. Pryd
o fwyd hyfryd. Gwin coch da. Pawb
yn siarad yn gyffrous. Cwestiynau ac
atebion a Margit yn brysur yn *cyfieithu*.

Gwyn yn cysgu yn y lolfa. Margit yn rhannu gyda'i mam-gu. Tad Margit yn ei *ddeffro*'n gynnar gynnar wrth iddo fynd i'r gwaith. Ond doedd dim ots.

Treuliodd Gwyn bedair noson gyda Margit a'i theulu. Y bore cyntaf gyda Margit yn y ddinas, roedden nhw wedi mynd o gwmpas mewn cerbyd agored. Cerbyd agored a cheffylau gwyn yn ei dynnu. Yn ystod y dyddiau nesaf, daeth Gwyn i hoffi Budapest yn fawr. Roedd Margit yn gwybod cymaint am y ddinas.

Roedd hi mor *frwdfrydig* am bopeth. Doedd Gwyn ddim eisiau gadael. Ond roedd rhaid iddo. Dim ond tri diwrnod o'r tocyn mis oedd ar ôl. Roedd rhaid teithio'n ôl i Gymru. A dechrau swydd newydd gyda chwmni ei ewythr.

Roedd Gwyn wedi crio wrth ffarwelio â Margit a'i theulu. Doedd e ddim eisiau mynd yn ôl i Gymru. Roedd e eisiau aros gyda Margit. Gallai chwilio am swydd fel athro Saesneg, meddai Margit. Aros gyda nhw yn y fflat fach.

Ond teithio'n ôl wnaeth Gwyn. Roedd yr arian wedi dod i ben. Roedd y tocyn trên yn gorffen. A doedd Gwyn ddim

yn gallu bod yn *anufudd*. Roedd ei rieni wedi rhoi popeth iddo. Wedi *aberthu* llawer er mwyn iddo gael mynd i'r coleg. Roedd swydd yn ei ddisgwyl. Roedd rhaid iddo fynd yn ôl. A dyna wnaeth e.

Edrychodd Gwyn eto ar y taflenni o'i flaen. Fflatiau, fflatiau, fflatiau. Doedd dim un o'r rhain yn debyg i'r fflat lle roedd Margit yn byw. Lle roedd hi'n arfer byw. Doedd e ddim yn cofio ble'n *union* roedd y fflat nawr. Na sut roedd cyrraedd yno. Roedd hi wedi symud *erbyn hyn*, mae'n siŵr. Roedd gormod o amser wedi mynd heibio. Gormod o ddŵr o dan y bont. Roedd popeth wedi newid erbyn hyn.

exactly

by now

PENNÔD 6

Edrychodd Margit ar ei wats. Chwarter awr wedi dau. Roedden nhw newydd eistedd i gael bwyd. Awr a hanner yn hwyr.

"Diolch byth," meddai Rolf. "Mae pawb yn *llwgu*."

starving
gone wrong

"Mae sawl peth wedi *mynd o chwith* y bore 'ma," meddai Margit. "Ond bydd y bwyd yn iawn. Dw i wedi bod yma sawl gwaith o'r blaen."

Roedd y bws wedi dod i'w nôl – yn y diwedd. Roedd Margit yn siŵr bod y gyrrwr wedi bod yn cysgu yn rhywle. Er bod y llong yn hwyr roedden nhw wedi gorfod aros ugain munud cyn i'r bws gyrraedd. Roedd Rolf wedi cwyno. Ble yn y byd roedd y gyrrwr? Roedd e eisiau ysgrifennu i'r cwmni i gwyno. Roedd Margit wedi ceisio'i dawelu. Doedd pethau yn Hwngari ddim mor *effeithiol* â'r Almaen. Yna, ffoniodd y gyrrwr – i'w ddeffro.

Pan gyrhaeddodd y bws, roedd y gyrrwr yn edrych yn *euog*. Ond roedd Margit wedi gwenu arno. Doedd dim pwynt *dadlau* â gyrrwr bws. Roedd Margit wedi dysgu hynny ers tro.

Erbyn hyn, roedd Margit a Rolf yn eistedd wrth fwrdd ar eu pennau eu hunain. Roedd dwy gadair wag. Ond roedd pawb arall wedi gwasgu at ei gilydd. A'r gyrrwr wedi mynd at yrwyr bysiau eraill.

Edrychodd Rolf ar y bwyd. Bwyd i dwristiaid. Dim byd *traddodiadol*. Dim byd rhy wahanol. Cyw iâr, sglodion a phys. Ac i'r *llysieuwyr*: omlet llysiau, sglodion a phys.

"Weithiau dw i'n gofyn pam dechreuais i wneud y gwaith yma," meddai Rolf. "Ond fel arfer, dw i *wrth fy modd.*"

"A finnau," meddai Margit. "Does neb yn mwynhau ei waith drwy'r dydd, bob dydd."

efficient

guilty

to argue

traditional

vegetarians

in my element

37

Gwenodd Rolf arni. Teimlodd Margit yn gynnes i gyd. Roedd e'n edrych fel Almaenwr *nodweddiadol*. Dyn tal. Gwallt golau a llygaid glas. Wyneb caredig. Dwylo cryf – dim *modrwy*, sylwodd. Roedd e eisiau i bopeth fod yn berffaith ar y daith. Person *delfrydol* i wneud gwaith fel hwn.

"Dw i'n mwynhau teithio," meddai Rolf. "Mae'n amlwg! Doedden ni byth yn mynd i unman pan oeddwn i'n blentyn. Roedden ni'n mynd ar wyliau, cofiwch. Bob blwyddyn. Ond ddim yn bell. Dim ond i Awstria."

Gwenodd Margit. Roedd hi wedi clywed am Almaenwyr fel hyn. Rhai oedd yn teimlo'n saff ar wyliau yn Awstria. Dim problem iaith. Dim angen newid.

"Bydden ni'n mynd i'r un pentref yn Awstria bob blwyddyn." *Ochneidiodd* Rolf. "*Deunaw* mlynedd. I Awstria. Dim pellach."

Rhoddodd ddarn o gyw iâr yn ei geg. Arhosodd am eiliad, yna dechreuodd siarad eto.

"A dweud y gwir, roedd fy nhad yn meddwl mai gwastraff amser oedd teithio i wledydd pell. Gwastraff amser – ac arian. Doedd dim angen gadael y lolfa, meddai fe. Dim ond gwylio'r teledu oedd rhaid i weld y byd. Rhaglenni

typical

ring

ideal

sighed
eighteen

teithio, rhaglenni natur. Ro'n i'n gwylio gyda fe. Ond ar ddiwedd pob rhaglen, ro'n i eisiau gwybod mwy. Ro'n i eisiau mynd i'r wlad fy hunan."

"Wrth gwrs," meddai Margit.

"Felly, penderfynais astudio ieithoedd," meddai Rolf. "Saesneg, Ffrangeg, Sbaeneg ac ychydig o Eidaleg. Ac astudio twristiaeth wedyn ar ôl cael fy *ngradd*." *degree*

"Rhywbeth tebyg wnes i," meddai Margit.

"Ro'n i'n meddwl. Mae eich Almaeneg chi'n arbennig o dda."

Gwridodd Margit fel merch ifanc. *blushed*

"Aethoch chi'n syth i weithio gyda chwmni teithio?" gofynnodd Margit. Roedd hi eisiau clywed mwy amdano.

"Naddo. Penderfynais deithio o gwmpas y byd. Roedd fy nhad yn *wallgof*, wrth gwrs! Roedd e eisiau i *livid* mi ennill arian yn syth. De America, Awstralia, Seland Newydd, India, Canada. Teithiais i *bedwar ban y byd*. *the four corners of the earth* Am dair blynedd. Gweithio ychydig, yna teithio eto. Ond yn y diwedd, penderfynais ddod adref."

"Felly, chwilioch chi am swydd gyda chwmni teithio," meddai Margit.

"*Yn union*," meddai Rolf. "Swydd *exactly* yn arwain teithiau byr – Ffrainc, Sbaen neu'r Eidal. Ac wedyn, dw i'n cael

39

gwyliau rhad drwy'r cwmni – i Awstralia neu i'r Dwyrain Pell."

"A dyma'r tro cyntaf i chi ddod i Hwngari?" gofynnodd Margit.

Gwenodd Rolf. "Ie. Dw i'n mwynhau'n fawr. A diolch i chi Margit am eich help. Byddwn i ar goll hebddoch chi. Fel r'ych chi'n sylweddoli."

Gwenodd Margit. Roedd hi'n hoffi Rolf. Roedden nhw'n deall ei gilydd.

Mewn awr, roedd pawb yn ôl ar y bws eto. Pwdin wedi'i fwyta, coffi wedi'i yfed. *Boliau* llawn. Roedd pawb mewn *hwyliau da*. Hyd yn oed y gyrrwr.

Cyn hir roedden nhw wedi cyrraedd pentref Herend. Daeth pawb allan o'r bws ac *ymgasglu* o gwmpas Margit.

"Dyma Ffatri Herend. Maen nhw wedi bod yn gwneud porslen yma ers 1826. Llestri hardd a drud iawn. Mae llestri o Herend gan deuluoedd *brenhinol* ac enwogion y byd. Ond *ddweda'* i ddim rhagor wrthoch chi. Cewch fynd ar daith o gwmpas y lle. Hefyd, bydd cyfle i fynd i'r amgueddfa – a'r siop. Ac os bydd amser – i'r caffi."

Doedd Margit byth yn blino ar weld y 'ffatri fach' i ymwelwyr. Gweld y clai'n cael ei weithio. I wneud llestri. Neu *gerfluniau* o anifeiliaid. Y rhan orau oedd gweld y broses *addurno*. Y gwahanol batrymau. Dros dri chant

tummies
good mood

to gather

royal
say

sculptures
decorating

40

ohonyn nhw. A'r *crefftwyr* yn gweithio mor rhwydd. Y brwsys paent yn symud mor gyflym. Y patrwm yn ymddangos. Anhygoel.

Wrth gerdded o gwmpas yr amgueddfa gyda grŵp bach o'r Almaenwyr, roedd Margit yn teimlo'n *lletchwith*. Roedd Rolf wedi dweud cymaint o'i hanes personol. Ond doedd hi ddim wedi dweud llawer. Gallai sôn mwy am ei chwrs coleg yn astudio twristiaeth, efallai. Sôn am ei bywyd gwaith. Ond dim mwy. Doedd hi byth yn sôn am ei bywyd personol wrth neb. Roedd e'n *brifo* gormod.

Fel arfer yn Herend, roedd y siop yn *boblogaidd* iawn. Prynodd y twristiaid lestri gwerth cannoedd o bunnau. Ond doedd Margit ddim yn synnu erbyn hyn. Y tro cyntaf, roedd hi wedi cael sioc enfawr. Doedd neb llawer yn Hwngari'n gallu *fforddio* prynu llestri Herend. Basai cwpan, soser a phlât yn costio cyflog mis i Margit. Roedd pethau *pwysicach* i wario arian arnyn nhw. *Oni bai am* bobl o wledydd eraill, fasai dim ffatri yno o gwbl.

Ond roedd cyfle i yfed coffi o'r llestri drud yn y caffi. *Edmygu*'r porslen tenau. Y patrymau a'r lliwiau hardd. Eisteddodd Margit a Rolf gyda'i gilydd eto ar ôl bod yn crwydro gyda

craftsmen

awkward

to hurt

popular

to afford

more important
but for

to admire

41

gwahanol grwpiau.

Daeth y twristiaid i'r caffi ar ôl bod yn y siop. Pawb yn cario bag. Roedd Heinrich a'i wraig Christa yn cario dau fag yr un.

"Brynoch chi rywbeth, Rolf?" gofynnodd Margit.

"Naddo, wir," meddai Rolf. "Os oes dewis rhwng prynu llestri a theithio... wel, does dim dewis, oes e?" Rhoddodd winc fawr i Margit. A gwridodd Margit – eto.

PENNŎD 7

Roedd Gwyn wedi treulio'r prynhawn yn ymweld â thair fflat:

Fflat 1: Un ystafell fawr: gwely mewn un cornel, cegin a lolfa yn y cornel arall. Ystafell ymolchi fel cwpwrdd. Dim lle i *view* gadw dim. Un ffenestr fawr. *Golygfa* dros heol brysur.

Fflat 2: Fflat dwy ystafell wely. Llawer o fetel a *marmor*. Popeth yn wyn. *marble* Ffenestri bach. Dim golygfa – wal a tho adeilad arall.

Fflat 3: Fflat un ystafell wely. Digon o olau. Llawr pren. Balconi'n edrych dros yr afon. Yn costio ffortiwn.

Doedd Gwyn ddim yn hoffi un o'r fflatiau. Roedd yr *asiant tai* wedi bod yn *canmol* pob fflat. Yn canmol pethau bach. Yn *gwrthod* gweld yr *anfanteision*. Doedd Gwyn ddim yn hoffi hynny. Oedd e'n edrych fel dyn hawdd ei *dwyllo*? Beth bynnag, doedd dim rhaid penderfynu mewn prynhawn. Doedd Gwyn ddim yn hoffi gwneud *penderfyniadau* cyflym. Yn enwedig penderfyniadau busnes. Roedd e eisiau *pwyso a mesur* cyn gwario ceiniog. Oedd, roedd angen fflat arno. Ond roedd eisiau gwneud arian ar y fflat hefyd, os oedd hi'n bosibl. Dyn busnes oedd e, wedi'r cyfan.

Canodd ei ffôn symudol. András.

"Popeth yn iawn?" gofynnodd y cyfreithiwr. "Wedi dod o hyd i fflat?"

"Na, ddim eto," meddai Gwyn. "Dw i wedi gweld tair. Ond doedd dim un yn plesio."

"Wel, dw i wedi ffonio'r asiant werthodd y fflat i mi," meddai András. "Mae rhai fflatiau ar gael o hyd. Ddim y rhai gorau, efallai. Mae'r *rheiny* wedi mynd. Ond basai'n werth i ti edrych ar un neu ddwy."

Cafodd Gwyn rif ffôn yr asiant.

---

estate agent
to praise
to refuse
disadvantages
to deceive

decisions

to consider

those

43

Ffoniodd, a threfnu cwrdd wrth y fflatiau mewn dwy awr.

Doedd Gwyn ddim yn mwynhau edrych ar fflatiau. Roedd e'n casáu'r holl beth. Roedd y cyfan yn dod yn ôl ag *atgofion* iddo. Atgofion am y gorffennol. Atgofion chwerw.

Ar ôl dechrau gweithio gyda'i ewythr, roedd Gwyn wedi cadw *cysylltiad* â Margit. Ysgrifennu bob dau ddiwrnod. Roedden nhw eisiau cwrdd eto. Yn fuan. Ond doedd hi ddim yn hawdd. Roedd Margit wedi dechrau gweithio. Gwaith gyda chwmni teithio yn *tywys* twristiaid. Gwaith delfrydol iddi hi. Roedd hi'n *amlwg* yn mwynhau dangos Hwngari i bobl – ac yn cael defnyddio'i *sgiliau*. Roedd hi'n siarad Saesneg neu Almaeneg bob dydd. Roedd hi'n gweithio'n galed.

Roedd Gwyn yn gweithio'n galed hefyd yng nghwmni ei ewythr. Cwmni bach yn gwerthu a *chywiro* cyfrifiaduron. Roedd Gwyn a'i ewythr yn gweithio'n dda gyda'i gilydd. Roedd pen busnes da gan ei ewythr ac roedd sgiliau cyfrifiadurol gan Gwyn. Dechreuodd ei ewythr roi rhagor o *gyfrifoldeb* iddo. Cyfrifoldeb dros gael rhagor o gytundebau. Roedd Gwyn yn dda wrth ei waith. Enillodd lawer o gytundebau. Tyfodd y busnes dros nos. Roedd angen mwy o staff. Mwy o waith i Gwyn.

memories

contact

guiding

obvious
skills

to repair

responsibility

Roedd e'n gweithio oriau hir ac yn mwynhau. Mwynhau gweld y cwmni'n ennill rhagor o arian. Mwynhau cael *codiad cyflog*. Mwynhau cael arian i'w wario ar ôl bod yn fyfyriwr.

Dechreuodd llythyrau Margit holi cwestiynau. Pryd roedd Gwyn yn dod draw? Oedd e'n mynd i ddod draw i'w gweld dros y Nadolig? Doedd hi ddim yn mynd allan llawer. Roedd hi'n *treulio* oriau'n ysgrifennu ato. Ond doedd e ddim yn ateb yn aml. Oedd e'n dal i gofio amdani? Oedd e wedi dechrau gweld rhywun arall? Roedd rhaid i Gwyn egluro. Am y cwmni. Am y gwaith newydd. Am yr holl gyfrifoldeb. Doedd dim cymaint o amser hamdden ganddo. Doedd e ddim yn gallu gadael popeth. Ddim hyd yn oed am wythnos, dros y Nadolig. Roedd hedfan yn rhy ddrud. A'r daith mor hir ar y trên. Ac yn flinedig.

Roedd llythyr nesaf Margit ychydig yn *ddiamynedd*. Felly, doedd hi ddim yn bwysig iddo? Doedd hi ddim yn werth teithio draw i'w gweld am ddau ddiwrnod? Roedd pethau gwell ganddi hi i'w gwneud hefyd. Roedd bywyd nos gwych yn Budapest. Doedd hi ddim eisiau gwastraffu amser. Yn treulio oriau'n ysgrifennu at gariad oedd yn colli diddordeb ynddi. Roedd ffrindiau'n gofyn iddi fynd allan gyda nhw a

pay rise

to spend

impatient

to refuse

45

hithau'n *gwrthod*. I beth? I ysgrifennu llythyrau at Gwyn a gwylio'r teledu gyda'i rhieni a'i mam-gu bob nos?

Methodd Gwyn ateb y llythyr hwn am amser. Doedd e ddim yn gwybod beth i'w feddwl. Roedd Margit yn swnio'n wahanol. Efallai bod y gwaith wedi ei newid hi. Wrth ddarllen y llythyr, doedd e ddim yn gallu clywed Margit yn siarad. Margit â'i llais hyfryd. Merch wahanol oedd yn ysgrifennu. Oedd, roedd e wedi bod yn gweithio gormod ac yn methu ysgrifennu cymaint. Ond roedd rhaid iddi ddeall sut roedd pethau. Roedd Gwyn yn gweithio o saith y bore tan ddeg y nos.

Roedd e'n gobeithio gallu cwrdd â hi eto. Dim ond ychydig fisoedd yn ôl, roedden nhw gyda'i gilydd drwy'r amser. Roedd e'n *gweld ei heisiau*'n fawr. Ond roedd pethau wedi newid cymaint. Gwaith oedd bywyd go iawn. *Breuddwyd* oedd bywyd *myfyriwr*.

Ceisiodd Gwyn ysgrifennu ati. Ysgrifennodd hanner llythyr. Yn ymddiheuro. Roedd yn mynd i ysgrifennu ati'n *amlach*. Roedd e eisiau cwrdd eto. Ond yna, *rhwygodd* y papur a'i daflu. Doedd e ddim yn gwybod sut roedd e'n teimlo. Yn sicr, doedd e ddim yn teimlo'r *un fath* ag oedd e. Y busnes oedd yn bwysig iddo fe nawr. Roedd

to miss her

dream
student

more often
he ripped

the same

46

Margit yn rhan o'r gorffennol. Myfyriwr oedd e pan oedd e'n ei hadnabod hi. Roedd e'n ddyn busnes llwyddiannus nawr. Ysgrifennodd e ddim ati wedi hynny.

Daeth y Nadolig. Ddaeth dim llythyr arall oddi wrth Margit. Doedd hi ddim yn gallu *maddau* iddo. Doedd Gwyn ddim yn synnu. Oedd e'n mynd i'w ffonio? Oedd neu nac oedd? Doedd e ddim yn siŵr. Doedd e ddim wedi hoffi'r Margit yn y llythyrau. Nid dyna'r Margit roedd e'n ei charu. Hi oedd wedi bod yn ddiamynedd yn y llythyrau. Ac roedd e'n teimlo mor wahanol. Penderfynodd adael i bethau fod. Ond roedd hi'n anodd derbyn bod popeth *ar ben*. Ar ôl bod mor hapus gyda'i gilydd.

Ddwedodd Gwyn ddim wrth ei rieni. Ond *sylwon nhw* ei fod wedi newid. Y cwmni oedd popeth iddo. Gwella'r busnes. Edrych am *gyfleoedd* newydd. Roedd ei ewythr yn ei ganmol. Roedd e'n dwlu ar Gwyn. Doedd e ddim yn briod, felly roedd Gwyn fel mab iddo.

Aeth dwy flynedd heibio. Tyfodd y cwmni eto a gwneud rhagor o *elw*. Yna bu farw ei ewythr yn sydyn. Sioc enfawr i bawb. Beth oedd yn mynd i ddigwydd nesaf? Ar ôl yr *angladd*, doedd neb yn synnu ei fod wedi gadael popeth i Gwyn – y tŷ, dau gar drud a'r cwmni.

to forgive

over

they noticed

opportunities

profit

funeral

47

Roedd Gwyn yn ddyn busnes llwyddiannus. Ond roedd e'n dal yn sengl. Doedd dim amser ganddo i fynd allan. Roedd e'n gweithio gormod. Ond roedd merched yn y gwaith yn ei *lygadu*. Yn enwedig ei ysgrifenyddes…

Canodd y ffôn bach yn ei boced eto. Yr asiant tai. Roedd rhaid *gohirio* tan y bore. Oedd hynny'n broblem i Gwyn? Na? Ardderchog. Tan hynny, felly.

Ochneidiodd Gwyn. Roedd e wedi cael digon yn barod. A dim ond ers diwrnod roedd e wedi bod yn chwilio am fflat.

to eye up

to postpone

48

Dydd Gwener

PENNŌD 8

Aeth Margit i'r gwesty i gwrdd â Rolf
a'r Almaenwyr. Doedd hi ddim yn rhy
gynnar, ond roedd y 'Bore da, Margit'
yn dawel. Doedd hi ddim yn synnu
gweld pawb mor flinedig. Roedd y daith
ddoe wedi bod yn hir. Erbyn iddyn nhw
gyrraedd yn ôl o Herend, roedd hi'n
amser swper.

"Maen nhw'n edrych wedi blino'n
lân," meddai Margit wrth Rolf.

"Ydyn, maen nhw," meddai Rolf.
"Aeth rhai i'r gwely'n syth neithiwr. Heb
gael swper, hyd yn oed. Ond dw i'n
credu bod pawb wedi codi. Ces i ddigon
o *drafferth* fy hunan, cofiwch."

"Wel, mae'r rhaglen ychydig yn
ysgafnach heddiw," meddai Margit.
"Does dim angen symud o'r ddinas, beth
bynnag."

Synagog Budapest oedd y lle cyntaf
ar y rhaglen. Dwy stryd i ffwrdd.
Dechreuodd pawb gerdded draw. Dim
ond deg y bore oedd hi, ond roedd
hi'n boeth iawn. Roedd Rolf yn gweld
rhai'n *arafu*. Roedd yn poeni beth allai
ddigwydd yn y *gwres*. Ond cyrhaeddodd
pawb yn ddiogel yn y diwedd.

Roedd y synagog yn *werth ei weld*.

difficulty

lighter

to slow down

heat

worth seeing

50

tower
ball decorations
security
searching

Adeilad enfawr a hardd. Brics melyn, gyda llinellau brics coch a phatrymau brics melyn, coch a glas. Dau *dŵr* gyda *phelen* las ac *addurniadau* aur ar bob un.

Roedd dynion *diogelwch* yn *archwilio* pob un cyn mynd i mewn. Wedyn, ymgasglodd pawb y tu allan i'r brif fynedfa.

"Cafodd y Synagog mawr ei godi yn 1859," meddai Margit. "Hwn yw'r ail synagog mwyaf yn y byd. Yn Efrog Newydd mae'r un mwyaf. Mae seddau i bron i 3,000 o bobl eistedd yma. Wrth gwrs, mae'r dynion a'r menywod yn eistedd *ar wahân...* "

separately

to escape

the odd

damage
Jews

Ar ôl mynd i mewn, eisteddodd pawb yn dawel. Roedd hi'n braf cael *dianc* o'r gwres yn yr adeilad oer. Roedd grwpiau eraill yn symud o gwmpas. *Ambell* lais yn rhoi'r hanes. Roedd y synagog wedi cael *difrod* mawr yn yr Ail Ryfel Byd. Ond roedd rhai *Iddewon* wedi parhau i gwrdd yno. Doedd hi ddim yn bosibl gwneud gwaith ar yr adeilad. Ddim tan i'r comiwnyddion fynd. Erbyn hyn, roedd y synagog wedi'i *adnewyddu*.

renovated

Doedd Margit ddim yn hoffi siarad gormod am yr adeilad. Roedd llyfr taith gan bob un, beth bynnag. Roedd hi eisiau i bobl edrych yn *fanwl*. Teimlo'r *awyrgylch*. Dyna oedd yn bwysig. Dyna fydden nhw'n ei gofio.

in detail
atmosphere

51

Ar ôl ychydig, cododd Margit a dechreuodd pawb ei dilyn. Allan i ardd y cofio. Sgwâr syml oedd yr ardd. Dim ond un goeden oedd yno. Nid coeden *arferol*, ond coeden o fetel. *Helygen wylofus*. Ar y 'dail' roedd enwau Iddewon o Budapest – y rhai gafodd eu lladd yn yr Holocost.

ordinary
weeping willow

"*Pwerus* iawn," meddai Rolf. Roedd pawb wedi tawelu. Yn eistedd ar y *meinciau*. Yn tynnu lluniau o'r ardd. Neb yn siarad.

powerful

benches

"Ydy, wir," meddai Margit.

Sylwodd Rolf fod *deigryn* yn ei llygaid.

tear

"Ydych chi'n iawn?" gofynnodd.

"Bydda i'n iawn nawr," atebodd Margit. "Cofio hanes y teulu dw i."

"Teulu eich mam-gu o ardal Llyn Balaton?"

"Ie. Iddewon oedden nhw. Llwyddodd mam-gu i ddianc i'r Swistir ychydig cyn y rhyfel. Ond fuodd pawb ddim mor lwcus."

"Gafodd pawb eu lladd?" *sibrydodd* Rolf.

whispered

"Do. Brawd a dwy chwaer fy mam-gu, ei rhieni, llawer o *gefndryd*... Pan ddaeth hi'n ôl ar ddiwedd y rhyfel, doedd neb ar ôl."

cousins

"Ofnadwy... ofnadwy," meddai Rolf a rhoi ei law ar fraich Margit. Ond dim ond am eiliad. Eisteddodd y ddau mewn *tawelwch* am funud.

Edrychodd Margit draw at yr Almaenwyr hŷn. Tybed beth roedden nhw'n ei gofio am y rhyfel? Oedd rhai o'r dynion *hynaf* wedi bod yn filwyr?

Efallai'n wir. Roedd pobl pob gwlad wedi dioddef yn y rhyfel. Ond roedd yr Iddewon wedi dioddef mwy na neb.

Roedd *arddangosfa* fach am yr Holocost yn adeiladau'r Synagog hefyd. Dringodd pawb y grisiau i'w gweld. Ffotograffau a hanes Iddewon Budapest.

Wynebau'r gorffennol yn *syllu* ar wynebau'r presennol.

Allan yn araf i'r haul poeth. Roedd pawb yn edrych yn flinedig eto.

"Bydd rhaid i ni chwilio am gaffi," meddai Rolf.

"Bydd," cytunodd Margit. "Does dim angen cerdded llawer eto. Ond gwell rhoi cyfle i bawb orffwys."

"A mynd i'r… " meddai Rolf.

"Ie," chwarddodd Margit.

Doedd dim llawer o gysgod yn y caffi. Na llaeth. Caffi *cosher* oedd e. Profiad newydd iddyn nhw.

"I ble nesaf, Margit?" Heinrich oedd yno.

"Wel, does dim angen i chi boeni," atebodd Margit. "Fyddwn ni ddim yn mynd ar unrhyw lyn heddiw."

Chwerthin mawr. Tynnu coes robin

53

goch Heinrich. A Heinrich yn gwenu.

"I'r amgueddfa *genedlaethol* am ychydig, dw i'n credu," meddai Margit wedyn. "A phrynhawn rhydd i bawb. Gallwch chi aros yn yr amgueddfa. Neu, dyma gyfle i chi wario rhagor o arian." Gwenodd ar Christa, gwraig Heinrich. Roedd hi wedi prynu llawer o lestri yn ffatri Herend.

"Na, dim mwy o brynu. Does dim rhagor o arian *ar ôl*," meddai Heinrich, ac *esgus dwyn* bag llaw ei wraig.

Chwarddodd pawb eto. Gwenodd Margit a Rolf ar ei gilydd. Roedd hi'n braf gweld pawb yn mwynhau. Dyna oedd eu gwaith nhw, *wedi'r cyfan*. Gwneud yn siŵr bod pawb arall yn mwynhau. Os oedden nhw'n mwynhau hefyd, wel, *bonws* oedd hynny.

"Bydd rhaid mynd ar y Metro i'r amgueddfa genedlaethol," meddai Margit. "Cofiwch ddod allan yn yr ail orsaf. Yr ail orsaf, cofiwch," ychwanegodd. Roedd hi wedi cael llawer o drafferth yn y gorffennol. Grwpiau'n *gwahanu*. Pobl yn mynd ar goll. Yn teithio i ddiwedd y lein neu'n gadael y trên yn yr orsaf anghywir.

Edrychodd Rolf yn bryderus. Roedd e'n gweld y *perygl* hefyd.

"Peidiwch â phoeni," meddai Margit wrtho. "Mae'n eithaf tawel yr adeg yma

national

left
to pretend to steal

after all

bonus

to separate

danger

o'r bore. Byddwn ni'n iawn."

I lawr â nhw i orsaf y Metro. Heibio'r graffiti lliwgar ac i'r platffform. Roedd hi'n ofnadwy o boeth yno. Doedd dim rhaid aros yn hir am y trên. Aeth un grŵp gyda Margit a grŵp arall gyda Rolf. Popeth yn iawn. Daeth yr ail orsaf, a gadawodd pawb y trên hefyd. Anhygoel, meddyliodd Rolf. Mae pethau'n gwella.

Cerddodd pawb yn araf tuag at yr amgueddfa. Roedd *syched ar* bawb eto. Penderfynodd rhai aros mewn siop fach i brynu dŵr. Arhosodd Margit a Rolf y tu allan.

Cyn hir roedd sŵn gweiddi'n dod o'r siop. Edrychodd Margit a Rolf ar ei gilydd. Beth yn y byd… ?

Rhedodd Heinrich allan o'r siop. Roedd e *wedi cynhyrfu.*

"Mae pwrs Christa wedi mynd," meddai. "Yr arian, y cardiau i gyd. Mae rhywun wedi dwyn y pwrs!"

PENNÖD 9

"Rydych chi'n brysur iawn," meddai Gwyn wrth yr *asiant tai.* Roedd y ddau mewn lifft. Yn gwibio i'r trydydd llawr yn y bloc fflatiau lle roedd András wedi prynu fflat.

thirsty

excited

estate agent

"Ydyn, rydyn ni'n brysur," gwenodd yr asiant. "Mae llawer o ddiddordeb yn y fflatiau. Gan bobl o dramor, fel chi. A dynion busnes lleol. Maen nhw'n gwerthu'n gyflym. Dim ond tair sydd ar ôl."

Edrychodd Gwyn arni. Merch ifanc, pump ar hugain oed, efallai. Gwallt hir, llygaid gwyrdd. Roedd hi'n gwisgo siwt drowsus smart glas tywyll. Gormod o *golur*. Roedd hi'n edrych yn effeithiol. Yn gwerthu sawl fflat bob dydd, meddyliodd Gwyn.

Agorodd drws y lifft. Cerddodd y ddau allan i'r *cyntedd*. Roedd tri drws o'u blaenau. Drysau pren tywyll a rhif pres ar bob un. Tynnodd yr asiant yr *allwedd* o'i bag.

"Dyma ni, rhif 37," meddai wrth roi'r allwedd yn y *clo*. Agorodd y drws a *llifodd* golau allan i'r cyntedd. Dilynodd Gwyn hi i mewn i'r fflat.

Fflat olau, waliau gwyn a lloriau pren. Ffenestri eithaf mawr yn edrych dros stryd dawel. Dim sŵn traffig. Cegin fach, fodern. Un ystafell wely. Ystafell ymolchi dwt. O'r diwedd, meddyliodd Gwyn. Fflat hyfryd. Gallai fyw yma. Dim problem. Basai'n hawdd gwerthu'r fflat hefyd. Roedd hi mewn ardal dda. Roedd prynu'r fflat yn *fuddsoddiad* da. Fasai e ddim yn colli arian. Diolch byth bod

make-up

hall

key

lock
streamed

investment

András wedi sôn am y lle.

Edrychodd yr asiant ar daflen y fflat. "Does dim llawer i'w ddweud," meddai hi. "Mae popeth ar y daflen. Fflat newydd sbon. *Gwres canolog*. System awyr oer. Ffenestri dwbl. Hon yw'r fflat un ystafell wely olaf... "

central heating

"Iawn," meddai Gwyn. "Dw i eisiau ei phrynu hi." Roedd e wedi penderfynu.

Doedd e ddim eisiau gwastraffu rhagor o amser.

Ar ôl mynd yn ôl i swyddfa'r asiant, ffoniodd Gwyn András. Roedd e wrth ei fodd.

"Ardderchog. Rwyt ti wedi gwneud penderfyniad doeth. Doeth iawn, hefyd," meddai'r cyfreithiwr. "Fydda i ddim yn hir yn gwneud y gwaith i ti. Mewn mis, byddi di'n gallu aros yn dy fflat dy hunan!"

"Diolch i ti eto, András," meddai Gwyn. "Rwyt ti wedi gwneud llawer o waith i mi yr wythnos yma."

"Gwaith i ffrind, Gwyn. Nid gwaith, ond *pleser*," meddai András *yn gynnes*. "Mae hi wedi bod yn wythnos bwysig i ti. Hei, mae'n nos Wener – beth wyt ti'n wneud heno? Mae'n rhaid i ni ddathlu. Beth am fynd allan am fwyd?"

pleasure   warmly

"Syniad da," meddai Gwyn. "I ble rwyt ti am fynd?"

"Rwyt ti'n adnabod tai bwyta

Budapest cystal â fi. Yn well na fi, siŵr o fod. Dwed ti."

Meddyliodd Gwyn am eiliad. Tybed i ble roedd Margit yn mynd â'r twristiaid? Cofiodd am dŷ bwyta lle roedd e wedi bod gyda hi o'r blaen. Bwyd traddodiadol Hwngari, cerddoriaeth werin, gormod o win... roedd Gwyn yn teimlo fel cael noson draddodiadol. Trefnodd y ddau gwrdd tua wyth o'r gloch.

lost

Roedd Gwyn yn teimlo *ar goll* yn y prynhawn. Doedd dim ganddo i'w wneud. Doedd dim fflatiau i'w gweld. Roedd popeth yn iawn yn y cwmni – roedd newydd ffonio ei ysgrifenyddes i wneud yn siŵr. Roedd e'n mynd i hedfan adref ddydd Sul. Doedd dim eisiau poeni am waith tan ddydd Llun. Profiad newydd i Gwyn. Profiad rhyfedd.

Roedd hi mor boeth. Prynhawn

to relax

delfrydol i *ymlacio*, meddyliodd Gwyn. Pan oedd Gwyn yn Budapest ar fusnes, doedd byth amser. Ond heddiw, roedd digon o amser. Amser i ymlacio. Amser i fwynhau.

Penderfynodd fynd am dro ar lan afon Donaw. Roedd hi'n braf cerdded yma. Gweld adeilad y Senedd. Eglwys Mátyás i fyny ar y bryn yr ochr draw. Roedd rhaid croesi i ganol Pont Margit. I gyrraedd ynys – ynys fach yng nghanol yr afon.

Roedd e'n cofio dod yma gyda Margit. Yn cofio'r tynnu coes. Ei hynys hi oedd hi. Roedd ei henw hi arni – Ynys Margit. Roedd Gwyn wrth ei fodd yma. Roedd hi mor dawel. Mor wahanol i'r ddinas swnllyd a phrysur. Parc gwyrdd. Cysgod coed. Ychydig o *awel*.

Ond doedd e ddim wedi dod i gerdded yn y parc. Roedd e wedi dod i nofio. Yn yr awyr agored. Aeth i newid, ac allan i'r *baddonau*. Roedd saith pwll nofio awyr agored yno. Rhai'n oer, rhai'n gynnes.

Aeth Gwyn i nofio gyntaf. Nofio'n ôl a blaen. Doedd e ddim yn gallu ymlacio'n iawn wrth nofio. Roedd rhaid gosod targed iddo'i hunan. Dau ddeg *hyd*. Yna, os oedd e'n teimlo'n iawn, targed arall. Tri deg hyd. Nofiodd Gwyn am dros hanner awr. Roedd e'n teimlo'i ben yn clirio. Roedd e'n teimlo'n llawer gwell.

Aeth yn ôl at ei *dywel* a gwisgo'i sbectol. Yna, draw i'r pwll cynnes. Tri deg pump gradd Celsius. Roedd e fel bath cynnes. Roedd silff i eistedd arni yn y dŵr. Eisteddodd Gwyn, *pwyso* ei ben ar ymyl y pwll a chau ei lygaid. Hyfryd. Roedd e'n teimlo straen yr wythnos yn diflannu.

Doedd chwilio am y fflat ddim wedi bod yn rhy anodd. Roedd András wedi

breeze

baths

length

towel

to lean

helpu, wrth gwrs. Dim ond am ddau ddiwrnod roedd Gwyn wedi bod yn chwilio. Doedd hynny'n ddim byd. Ac, fel roedd András wedi dweud, roedd y penderfyniad yn un doeth. Roedd e'n siŵr o hynny.

Cofiodd Gwyn am ei brofiad yng Nghymru. Yn chwilio am fisoedd am y tŷ delfrydol iddo fe a Sara.

relationship Roedd Gwyn wedi bod yn sengl am amser hir. Ar ôl ei *berthynas* â Margit, roedd e wedi bod yn ofalus. Roedd Gwyn wedi dysgu gwers. Roedd pethau'n gallu newid. Roedd Margit wedi newid. Roedd ei deimladau wedi newid. Doedd e ddim eisiau i'r un peth ddigwydd eto.

met Yn y gwaith y *cwrddodd* Gwyn a Sara – hi oedd ei ysgrifenyddes. Merch effeithiol wrth ei gwaith. Yn gwenu arno bob amser. Doedd aros yn hwyr yn y gwaith ddim yn broblem iddi. Gwallt

opposite golau, llygaid glas – y *gwrthwyneb* i Margit.

Roedd hi'n deall bod y cwmni yn bwysig i Gwyn. Yn deall bod yn rhaid iddo weithio oriau hir. Yn gwybod mai

owner fe oedd y *perchennog* am fod ei ewythr

developed wedi marw. *Datblygodd* y berthynas yn araf. Mynd am ddiod ar ôl y gwaith. Prydau o fwyd. Siarad am y gwaith yn unig i ddechrau. Yna, dod i wybod mwy

am ei gilydd. Misoedd yn mynd heibio.
Yna, parti Nadolig y cwmni. Dawns – a
chusan.

Yn sydyn, roedden nhw'n 'eitem'.
Pawb yn y gwaith yn gwybod. Yn tynnu
coes Sara a Sara wrth ei bodd. Ac roedd
Gwyn yn hapus hefyd. Mewn ffordd.

Aeth blwyddyn heibio, a'r ddau
yn dal gyda'i gilydd. Yn dal i siarad
am y gwaith, wrth gwrs. Ond roedd
Sara eisiau siarad am y *dyfodol* – eu
dyfodol nhw. Doedd Gwyn ddim mor
siŵr. Doedd Sara ddim yn ferch gynnes
iawn. Ddim fel Margit. Roedd rhywbeth
oeraidd amdani. Oedd Sara'n ei garu fe?
Neu a oedd hi wedi ei ddewis oherwydd
bod arian ganddo? Roedd Gwyn yn
dechrau amau hyn.

Dechreuodd Sara *gynllunio* eu
dyfodol. Roedd hi eisiau i Gwyn werthu
tŷ ei ewythr, lle roedd e'n byw ar ôl
i'w ewythr farw. Hen dŷ tywyll oedd e.
Gormod o goed o gwmpas. Gormod o
gysgodion.

Dechreuodd y ddau chwilio am dŷ
gyda'i gilydd. A dechreuodd Sara sôn
am briodi. Yn yr haf – adeg neis i briodi.
Prynodd Gwyn fodrwy. Dyna roedd
hi eisiau. Roedd hi'n effeithiol – yn
mwynhau trefnu'r briodas. Doedd dim
amser gan Gwyn, beth bynnag. Roedd
y cwmni'n mynd â'i amser i gyd. Roedd

y ddau'n mynd i chwilio am dŷ bob
penwythnos, ond doedd dim yn plesio
Sara. Roedd rhywbeth yn bod ar bob tŷ.
Rhy fach. Dim digon o ardd. Gormod o
ardd. Gormod o waith. Dechreuon nhw
ffraeo. Roedd Gwyn yn cael digon o
straen yn y gwaith. Doedd e ddim eisiau
straen yn ei berthynas â Sara hefyd.

Roedd hi'n fis Mai. Roedd dyddiad y
briodas yn dod yn nes. Cant o *westeion.*
Parti mawr yn y nos. Byddai Sara'n
siarad am y briodas drwy'r amser. Roedd
hi'n mwynhau gwario arian – arian
Gwyn, wrth gwrs. Ond doedd dim tŷ
ganddyn nhw o hyd. Byddai'n rhaid iddi
fynd at Gwyn i fyw a doedd hi ddim yn
hapus iawn. Roedd hi'n teimlo ei bod
hi'n *haeddu* gwell. Os oedd hi'n mynd i
fod yn wraig i'r bòs, roedd hi eisiau tŷ
mawr crand.

Dechreuodd Gwyn amau a oedd
Sara'n ei garu. Roedd hi'n hoffi'r statws
oedd ganddo – a'r arian, wrth gwrs.
Roedd hi wedi bod yn y lle iawn ar yr
adeg iawn. Ysgrifenyddes i ddyn busnes
ifanc dibriod. Ar ôl priodi, a fyddai
pethau'n newid? A fyddai Sara'n fwy
cynnes ato? Penderfynodd Gwyn na
fyddai hi. Hefyd, sylweddolodd rywbeth
arall pwysig. Doedd e ddim yn ei charu
hi chwaith.

Ond roedd hi'n anodd stopio'r holl

to quarrel

guests

to deserve

time

beth. Roedd dydd y briodas yn dod yn nes ac yn nes. Roedd Gwyn yn teimlo fel tasai'n *syrffio*. Doedd dim dewis ganddo. Doedd e ddim yn cael gwneud unrhyw benderfyniadau. Roedd ton fawr yn ei wthio ymlaen. Roedd rhaid iddo ddal yn dynn yn y bwrdd syrffio. Roedd rhaid iddo fynd gyda'r don, neu basai'n *boddi*. Ond *tybed*?

Rai wythnosau cyn y briodas, cafodd Gwyn lond bol. Roedden nhw wedi bod i weld tŷ arall. Roedd Sara'n cwyno eto. Cawson nhw *ffrae* enfawr.

Daeth y cyfan i ben yn sydyn iawn. Gadawodd Sara'r cwmni. Anfonodd Gwyn lythyr at y gwesteion i ymddiheuro. Talodd am gostau'r briodas: y ffrog, y gwesty a'r mis mêl. Doedd hynny ddim yn ormod i'w dalu

Roedd hyn wedi digwydd ddwy flynedd yn ôl. Roedd Gwyn wedi bod yn sengl ers hynny. Ond doedd e ddim wedi bod yn hapus. Roedd wedi bod yn teimlo'n euog am ddwy flynedd. Wedi bod yn teimlo'n *fethiant* am ddwy flynedd. Wedi bod yn edrych yn ôl am ddwy flynedd. Oedd e'n *difaru*? Oedd a nac oedd, mae'n debyg. Ond roedd hi'n rhy hwyr i ddifaru.

O'r diwedd, dechreuodd anghofio. Roedd pethau'n newid *er gwell* iddo. Roedd e'n edrych ymlaen at y dyfodol.

to surf

drown
to wonder

quarrel

failure

to regret

for the better

Yn y pwll cynnes ar Ynys Margit, doedd
Gwyn ddim yn teimlo'n euog nac yn
fethiant. Roedd yn teimlo'n rhydd. Am y

for a while tro cyntaf *ers tro.*

PENNOD 10

Doedd Margit a Rolf ddim wedi cael
prynhawn rhydd. Roedd y twristiaid
yn llawn panig ar ôl colli'r pwrs. Ond
roedd Margit a Rolf wedi aros yn dawel.

situation Doedd y *sefyllfa* ddim yn newydd iddyn
nhw.

Aeth y ddau â Heinrich a Christa i
orsaf yr heddlu. Buodd Margit yn helpu

statement Christa i wneud *datganiad.* Ble roedd
hi wedi bod y diwrnod hwnnw? Pryd

she realised *sylweddolodd hi* ei bod hi wedi colli'r
pwrs? Pa fath o bwrs oedd e? Ble roedd
hi'n cadw'r pwrs? Faint o arian oedd
ynddo? Buodd Margit yn cyfieithu o'r
Hwngareg i'r Almaeneg ac yn ôl.

to comfort Ceisiodd Rolf *gysuro*'r pâr. Roedden
nhw wedi cael sioc. Roedd y ddau yn
eu saithdegau hwyr. Doedd Christa
ddim yn cofio'n iawn beth oedd wedi
digwydd. Pwy oedd wedi talu am y

coffi yn y caffi ger y Synagog? Hi neu
Heinrich? Oedd rhywun wedi dwyn
o'i bag yn ystod y daith ar y Metro?
Neu wrth iddi gerdded i'r amgueddfa
genedlaethol? Roedd hi *wedi drysu*.

confused

Byddai popeth yn iawn yn y diwedd,
wrth gwrs, meddyliodd Margit. Yr
yswiriant yn talu. Christa'n prynu pwrs
newydd ac yn cael cardiau newydd o'r
banc. Ond roedden nhw'n mynd i gofio'r
sioc. A'r siom. Ac roedd eu gwyliau nhw
wedi'u difetha.

insurance

Roedd hi'n bedwar o'r gloch erbyn
iddyn nhw adael gorsaf yr heddlu.
Aethon nhw â Heinrich a Christa'n syth
yn ôl i'r gwesty. Doedden nhw ddim yn
teimlo fel teithio i chwilio am y lleill.

Roedd Margit wedi bwriadu mynd
adref yn y prynhawn, cyn mynd allan
yn gwmni i'r twristiaid gyda'r nos. Ond
doedd dim pwynt nawr. Doedd dim
amser. Penderfynodd hi a Rolf fynd i
gaffi gyferbyn â'r gwesty i gael rhywbeth
i'w fwyta.

Roedd y ddau'n llwgu. A'r ddau wedi
blino ar ôl straen y prynhawn.

"Wel, ro'n i'n ofni y basai hyn yn
digwydd rywbryd," meddai Rolf.
"Rhywun yn colli pasport, colli pwrs… "

"Mae'n digwydd o hyd," meddai
Margit. "Bron bob wythnos, a dweud y
gwir. Maen nhw'n fy adnabod i lawr yng

ngorsaf yr heddlu erbyn hyn!"

Gwenodd Rolf yn flinedig. "Dw i'n cofio mynd i Barcelona unwaith am wythnos. Cafodd dau fag ac un camera eu dwyn. Hunllef! Welais i ddim llawer o'r ddinas o gwbl!"

"I ble byddwch chi'n mynd nesaf, Rolf?" gofynnodd Margit.

"I Brydain. Llundain, Stratford, Gogledd Lloegr, yr Alban – a noson neu ddwy yng Nghymru."

"Cymru?" gwenodd Margit. "I ble'n union byddwch chi'n mynd yno?"

Snowdon

"I'r gogledd. Ardal *Eryri*. Dw i wedi bod yno o'r blaen. Ardal braf iawn. Ydych chi wedi bod yno?"

"Ddim i'r gogledd. Dim ond i'r de. Ond mae blynyddoedd ers hynny."

Rhyfedd bod Rolf wedi sôn am Gymru. Roedd Margit wedi bod yn meddwl am Gymru'n ddiweddar. Yn cofio Gwyn, ei chariad mawr cyntaf. Roedd llawer o atgofion melys ganddi amdano. Ac roedd hi'n teimlo hiraeth amdano weithiau. Hiraeth mawr.

Edrychodd Margit allan drwy'r ffenestr. Newidiodd y pwnc. "Bydd y bws yn dod cyn hir i fynd â ni i'r sioe."

* * *

bad luck

Roedd *anlwc* Christa a Heinrich wedi gwneud i bawb deimlo'n ddiflas. Doedd

event

effort

grandchildren

easiest

punctually

she didn't mind

dim llawer o siarad i'w glywed ar y bws
y noson honno. Rhyfedd fel mae hwyliau
pawb yn newid, meddyliodd Margit. Yn
y caffi y bore hwnnw, roedd pawb mor
hapus. Ond roedd un *digwyddiad* wedi
newid popeth.

Roedd pawb wedi gwisgo'n eithaf
smart. Wedi gwneud *ymdrech* – pawb
ond Margit. Roedd hi wedi methu mynd
adref i nôl ei dillad gorau. Eistedd yn
lolfa'r gwesty buodd hi tra oedd Rolf yn
newid. Roedd ambell un o'r twristiaid
wedi dod i siarad â hi. Wedi bod yn sôn
am eu plant, a'u *hwyrion*. Margit oedd
yn holi'r cwestiynau. Doedd dim rhaid
ateb cwestiynau wedyn. Tasai rhywun yn
gofyn a oedd ganddi blant, basai'n ateb,
"Na, dw i ddim yn briod." Dyna oedd
hawsaf. Doedd dim rhaid dweud popeth
wrthyn nhw.

Ymddangosodd Rolf wedyn. Mewn
siwt olau a chrys lliwgar. Smart iawn,
meddyliodd Margit. Roedd Rolf yn ddyn
smart iawn.

Daeth y bws yn *brydlon*. Roedd y
gyrrwr mewn hwyliau da. Ac roedd y
sioe yn wych – yn anhygoel! Byddai
Margit yn ei gweld o leiaf unwaith y mis.
Ond doedd *dim gwahaniaeth ganddi*.
Noson o ddawnsio a cherddoriaeth
draddodiadol. Dawnswyr a cherddorion
gorau Hwngari'n perfformio. Gwisgoedd

lliwgar, dawnsiau cyffrous, cerddoriaeth gyflym. Noson ddelfrydol i dwristiaid. Yn dangos *diwylliant* Hwngari *ar ei orau*.

Roedd pawb yn canmol wrth ddod yn ôl i'r bws. Canmol y cerddorion talentog. Canmol y dawnswyr *bywiog*. Canmol y gwisgoedd hyfryd. Roedd pawb wedi mwynhau.

Gofynnodd Margit i'r gyrrwr fynd â nhw ar daith cyn mynd yn ôl i'r gwesty. Dyma fyddai'r unig gyfle iddyn nhw weld y ddinas gyda'r nos. Gweld y prif adeiladau a'r pontydd wedi'u *llifoleuo*. Gyrru ar hyd yr afon a gweld *adlewyrchiad* y goleuadau yn y dŵr. Oedd, roedd Budapest yn ddinas hardd yn y nos hefyd, meddyliodd Margit.

Dechreuodd y gyrrwr fynd â nhw'n ôl i'r gwesty. Ychydig cyn iddyn nhw gyrraedd, safodd Margit ar ei thraed. Sylwodd fod llawer o bobl wedi mynd i gysgu. Roedd hi wedi bod yn ddiwrnod hir arall. Diwrnod llawn *cyffro* i rai. Roedd Heinrich a Christa'n cysgu. Pen Christa'n pwyso ar *ysgwydd* ei gŵr. Darlun hyfryd, meddyliodd Margit.

Roedd rhaid eu deffro nhw. Roedd hi eisiau dweud beth fyddai'n digwydd yfory. Ond roedd hi eisiau eu deffro nhw'n araf, araf. Felly, dechreuodd ganu. Canu *hwiangerdd* Hwngareg. Canu hwiangerdd i ddeffro rhywun, nid i

culture
at its best

lively

floodlit
reflection

excitement

shoulder

nursery rhyme

wneud iddyn nhw gysgu. Dechreuodd
rhai ddeffro. A gwenu. Gwenodd Margit
yn ôl arnyn nhw a dechrau siarad yn
dawel.

Yn ôl â nhw i'r gwesty. Aeth y bobl
hŷn i'r gwely. Roedden nhw wedi blino'n
lân.

"Iawn, gwell i mi fynd hefyd,"
meddai Margit.

"O, aros eiliad. Dere i'r bar am un
gwydryn bach," meddai Rolf. Sylwodd
Margit ei fod wedi newid o 'chi' i 'ti'.

"Iawn," meddai Margit. "Ond dim
ond un bach. Mae eisiau *codi fy nghalon*
i, a dweud y gwir."

"Beth sy'n bod?" gofynnodd Rolf.
Roedd ei lais yn bryderus. "Wyt ti'n
iawn?"

"Wel, yr hwiangerdd ganais i
ar y bws… dw i ddim wedi canu'r
hwiangerdd ers amser… ers pum neu
chwe blynedd."

"Oes plant gyda ti?" gofynnodd
Rolf. Roedd ei lais yn swnio ychydig yn
siomedig. "Wyt ti'n briod, felly?"

"Wel, roedd plant gyda fi – un
plentyn, a dweud y gwir. Ac ro'n i'n
arfer bod yn briod. János oedd enw fy
ngŵr. Ond doedd hi ddim yn briodas
hapus. Roedd János yn un o'r hen griw
o ffrindiau ysgol. Ond doedd e ddim yn
ŵr da. Roedd e'n hoffi mynd allan gyda'r

glass

to cheer me up

69

'bechgyn' yn lle treulio amser gyda fi. Dod adref yn hwyr – yn feddw – yn gas."

Ddwedodd Rolf ddim byd. Dim ond edrych arni. Roedd rhaid i Margit ddweud wrtho. Dweud y cyfan. Doedd hi ddim eisiau cuddio dim oddi wrtho.

worries

"Ond dim ond dechrau *gofidiau* oedd hynny. Ar ôl blwyddyn o fod yn briod, ro'n i'n disgwyl baban. Dechrau newydd, ro'n i'n gobeithio. Ar ôl cael baban, roedd hi'n siŵr byddai János yn newid.

responsible
pipe dream

Dod yn dad *cyfrifol*. Ac yn ŵr da. Ond *breuddwyd gwrach* oedd hynny. Merch fach gawson ni. Klára. Ond doedd y baban ddim yn iach. Klára fach. Klára

poor

druan. Ers damwain Tschernobyl, mae llawer o fabanod wedi cael eu geni yn

disability

dioddef o *anabledd* yn Hwngari. Roedd Klára yn un ohonyn nhw."

"O... Margit fach," sibrydodd Rolf. Rhoddodd ei law ar ei braich. Roedd e eisiau ei chysuro hi.

"Roedd y misoedd nesaf yn hunllef. Ro'n i'n gweithio'n rhan amser. Yn mynd yn ôl a blaen i'r ysbyty. Heb János, fel arfer. Roedd e'n yfed mwy erbyn hyn.

to blame me

Yn boddi ei ofidiau ac yn fy *meio i* am bopeth. Ond ro'n i'n cuddio fy ngofidiau i. Roedd rhaid i mi eu cuddio nhw. Roedd rhaid i un ohonon ni fod yn gryf. Er mwyn Klára."

Teimlodd Margit fraich Rolf yn symud

am ei hysgwydd. Braich *gadarn*. Roedd
yn deimlad braf.

"Ond dywedodd y meddygon nad
oedd Klára'n mynd i wella. Dechreuodd
hi *wanhau*. Ro'n i'n torri fy nghalon,
wrth gwrs. Ond doedd dim i'w wneud.
Dim ond gwylio Klára'n marw. Dim ond
chwe mis oed oedd hi."

Roedd Margit yn siarad heb ddangos
unrhyw *emosiwn*.

"Roedd János yno gyda fi ar y
diwedd. Ond arhoson ni ddim yn hir
gyda'n gilydd wedi hynny. Doedd dim
dyfodol i ni. Ro'n i'n gwybod hynny. Felly
symudais yn ôl at fy rhieni. Roedd Mam-
gu newydd farw. Roedden nhw'n *falch* o
gael cwmni. Dechreuais weithio'n llawn
amser eto."

Edrychodd ar Rolf, a gwenu.

"Felly, dyma fi. Dw i ddim wedi cael
llawer o lwc – ddim gyda dynion, beth
bynnag."

Gwenodd Rolf arni a chodi ei *aeliau*.
Ddwedodd e ddim byd. Dim ond gwasgu
ei hysgwydd yn *dyner*. Am eiliad,
teimlodd Margit fod popeth yn bosibl.
Yr eiliad honno, tasai Rolf yn gofyn
iddi fynd gydag ef i'w ystafell, basai
hi'n gwneud. Roedd hi eisiau teimlo
ei freichiau cryf amdani. Eisiau teimlo
pwysau ei gorff. Eisiau byw *i'r eiliad* am
unwaith. Anghofio am y gorffennol.

strong

weaken

emotion

glad

eyebrows

tender

weight
for the second

71

Dim poeni am y dyfodol. Mwynhau'r presennol – gyda Rolf.

Ond aeth yr eiliad heibio. Edrychodd Margit ar ei wats. Roedd hi'n hwyr. *Suddodd* ei chalon. Roedd rhaid iddi ddal y Metro adref.

PENNÔD 11

"Pam rwyt ti eisiau dod fan hyn?" gofynnodd András i Gwyn wrth iddyn nhw gyrraedd y bwyty.

Doedd András ddim yn teimlo'n gyfforddus, sylweddolodd Gwyn. Roedd e'n hoffi ei *ddelwedd* fodern, slic. Doedd dim byd yn fodern na slic am y bwyty hwn. Roedd e'n fwyty traddodiadol. Ar y wal, roedd lluniau o gefn gwlad: *bugail* a'i *braidd*; ci defaid; criw o sipsiwn yn dawnsio y tu allan i *fwthyn* bach. Hefyd, llestri lliwgar: platiau a jygiau â phatrwm blodau coch a glas drostyn nhw. Ar y byrddau, roedd *brethyn* traddodiadol: coch, du a gwyn. Roedd y cyfan yn ddiddorol i Gwyn. Ond doedd y cyfreithiwr ddim yn gyfforddus. Doedd

sunk

image

shepherd flock
cottage

cloth

pobl broffesiynol fel fe ddim eisiau bod
yn rhan o'r ddelwedd hon. Eisiau gadael
eu *gwreiddiau* roedden nhw, nid eu
dathlu nhw.

roots

"Dwyt ti ddim yn hoffi'r lle, András?"
gofynnodd Gwyn ac esgus ei fod wedi
synnu. "Dw i wrth fy modd. Paid â
phoeni, ar ôl ychydig o win byddi di'n
mwynhau."

"Cawn ni weld," meddai András.

"Beth amdanat ti, Anna?" gofynnodd
Gwyn. "Beth rwyt ti'n ei feddwl?"

Roedd András wedi dod â'i chwaer
gydag e. Doedd Gwyn ddim wedi cwrdd
â hi o'r blaen. Fersiwn *benywaidd* o
András. Cyfreithwraig. Yn gwisgo fel
cyfreithwraig hefyd. Merch smart.
Gwallt hir golau. Llygaid glas. Ond
roedd rhywbeth yn ei llygaid hefyd.
Ychydig o hwyl. Yn wahanol i András.
Efallai fod Anna'n werth ei hadnabod,
meddyliodd Gwyn.

feminine

Edrychodd o'i gwmpas. Roedd tri
bwrdd hir ar hyd yr ystafell. Pawb yn
eistedd yn agos at ei gilydd. Twristiaid i
gyd, meddyliodd. Chwiliodd yn gyflym
am ben Margit. Oedd hi yno? Na. Doedd
dim sôn am y gwallt cyrliog. Suddodd ei
galon. Ond dim ond am eiliad.

Oedd, roedd wedi hanner gobeithio
ei gweld hi. Ond erbyn hyn, efallai nad
oedd rhaid ei gweld hi. Roedd wedi dod

73

yma i ddathlu. Dathlu'r cytundeb a'r fflat gydag András. A dathlu ei fod yn rhydd o'r gorffennol. A dathlu cwrdd ag Anna.

Eisteddodd y tri wrth o'r byrddau. Daeth gweinydd o rywle, a dechrau *arllwys* gwin i wydrau pawb. Ond nid o botel. O rywbeth fel *tiwb profi* gwydr enfawr. Roedd y gweinydd yn ei ddal yn uchel, a'r gwin coch yn llifo allan. Dechreuodd y twristiaid i gyd chwerthin. Roedd gweld y gwin yn gwneud iddyn nhw feddwi. Hyd yn oed cyn ei yfed.

"Gwin o'r enw *'gwaed y tarw'*," meddai András ar ôl ei brofi. "Gwin o ogledd Hwngari, fel rwyt ti'n gwybod." Cododd ei wydr eto ac yfed. "Ddim yn ddrwg, ddim yn ddrwg o gwbl..."

"Ond ddim cystal â gwin Chardonnay o Awstralia, efallai?" tynnodd Gwyn ei goes.

Chwarddodd András ac Anna. Roedden nhw'n deall y pwynt. Oedden, roedden nhw'n *tueddu* i feddwl bod popeth o wledydd tramor yn well na *chynnyrch* Hwngari.

Roedd y cerddorion wedi dechrau chwarae. Criw tebyg i'r rhai yn y bwyty nos Fercher, meddyliodd Gwyn. Pedwar dyn yn canu ffidl, bas dwbl, clarinét a cymbalom, math o *sither* mawr. Roedden nhw'n chwarae mor gyflym, bron yn awtomatig. Yn edrych ar y *gynulleidfa*

to pour
test tube

bull's blood

to tend

produce

zither

audience

74

ac ar ei gilydd. Yn gwenu a nodio ar ei gilydd.

"Y ffidlwr yw'r seren fel arfer yn y grwpiau hyn," meddai András. "Ac mae hwn yn seren, yn bendant."

Yn wir, roedd y ffidlwr *yn* seren. Yn cerdded i fyny ac i lawr rhwng y byrddau. Yn plygu'n agos at y menywod. Yn edrych i mewn i'w llygaid wrth chwarae. A phawb wrth ei fodd. Yn chwerthin a mwynhau.

mushroom

Cyn hir, daeth y bwyd. Cawl *madarch* blasus i ddechrau. Yna, daeth rhagor o win. Dewis o win. Tri math o win. Beth am brofi pob un? Roedd digon o wydrau o flaen pawb. Roedd Gwyn yn gallu teimlo ei hunan yn meddwi. Ar ôl bod yn y baddonau ar Ynys Margit, roedd e wedi ymlacio'n llwyr. Nawr roedd e'n teimlo'n *benysgafn*.

light-headed

goose

Tawelodd y cerddorion wrth i'r prif gwrs gyrraedd. Coes *gŵydd* gyda thatws a 'sauerkraut'.

"Bwyd da, beth rwyt ti'n feddwl?" meddai Gwyn a gofyn am ymateb Anna.

"Ydy, mae e. Bwyd traddodiadol. Dyma'r bwyd cawson ni ein magu arno," atebodd hi.

"Fyddi di'n bwyta fel hyn nawr?" gofynnodd Gwyn eto. Roedd e'n gallu tynnu ei choes yn barod.

"Weithiau. Ond ddim cymaint ag

oeddwn i. Mae'n rhaid cyfaddef hynny."
Gwenodd arno'n *chwareus*. "Ond mae
popeth wedi newid yn Budapest. Ac yn
dal i newid, fel rwyt ti'n gweld."

Pwysodd András yn ôl yn ei gadair.
Roedd e'n edrych fel tasai e'n dechrau
ymlacio. O'r diwedd, meddyliodd Gwyn.

"Ble buest ti wedyn prynhawn 'ma,
Gwyn?" gofynnodd András.

"I'r baddonau ar ynys Margit."

"Hyfryd," meddai Anna. "Ond mae'n
well gen i faddonau Széchenyi. Mae'r
ystafelloedd stêm mor wych."

"Ydyn," cytunodd Gwyn. "Bues i yno
unwaith. Hyfryd."

"Wel, dyna lle bydda i yfory," meddai
Anna gan wenu arno. "Dw i'n mynd yno
bob dydd Sadwrn. Os wyt ti o gwmpas,
basai'n hyfryd cael cwmni."

"O… braf iawn," meddai Gwyn.
Basai cael cwmni merch fel Anna yn y
baddonau yn braf iawn. Gwenodd arni.
A gwenodd hithau yn ôl. Yn gynnes
iawn.

"Wel, mae hi wedi bod yn wythnos
dda," meddai András. Cododd ei wydryn
eto a *llowcio* rhagor o win.

"Beth am yfed i'r dyfodol yn
Budapest?" meddai Gwyn, gan godi ei
wydryn.

"I'r dyfodol yn Budapest," meddai'r
tri a'r gwydrau'n taro yn erbyn ei gilydd.

Dechreuodd fynd yn swnllyd yn y bwyty. Roedd y gweinyddion yn dal i arllwys gwin i'r gwydrau. Faint roedd e wedi'i yfed, meddyliodd Gwyn? Doedd dim syniad ganddo. A doedd dim gwahaniaeth ganddo, chwaith.

Cyrhaeddodd y trydydd cwrs. Tarten afalau a hufen. Pum munud o dawelwch wrth i bawb fwyta, yna dechreuodd y gerddoriaeth eto. Yn fwy bywiog y tro hwn. Roedd pawb eisiau dawnsio. Ond doedd dim lle. Roedd rhaid symud yn ôl a blaen wrth y byrddau. Teimlodd Gwyn ei ben yn troi. Roedd yn feddw. Meddw hapus, bodlon. Ac roedd András ac Anna hefyd wedi meddwi, mae'n amlwg. Roedd corff Anna'n taro'n ysgafn yn ei erbyn. Roedd Gwyn yn siomedig pan ddaeth y gerddoriaeth i ben.

Cyn hir, daeth dyn bach â mwstas i sefyll o flaen y cerddorion. Dechreuodd siarad â'r gynulleidfa yn Saesneg ac yn Almaeneg.

"Dw i eisiau un person i ddod yma i gael *prawf*." Edrychodd o gwmpas y gynulleidfa. "Dewch, dewch. Os na fydd neb yn dod, bydd rhaid i mi ddewis rhywun."

Dechreuodd rhai o'r twristiaid bwyntio at rywun. "Erich, Erich," gwaeddon nhw. Roedd Erich yn amlwg wedi yfed llawer gormod. Ond roedd

77

e'n barod i wneud ffŵl ohono'i hunan, *chwarae teg*. Cododd yn araf o'i gadair, a cherddodd at y dyn bach â'r mwstas.

"Iawn, gwyliwch yn ofalus, yna gwnewch yr un peth â fi."

Gwnaeth y dyn â'r mwstas nifer o symudiadau. *Plethodd* ei freichiau wedi iddo orffen. Daeth tro Erich. Gwnaeth y symudiadau, ond anghofiodd blethu ei freichiau.

"Anghywir, anghywir" meddai'r dyn â'r mwstas. "Rhaid i chi gael *cosb*. Rhaid i chi yfed rhagor o win."

Gwnaeth y dyn â'r mwstas symudiadau mwy *cymhleth*. Ac Erich yn methu dilyn. Cafodd gosb ar ôl cosb. Ac aeth yn fwyfwy meddw. Roedd pawb arall yn chwerthin am ei ben.

Aeth hyn ymlaen am tua chwarter awr. O'r diwedd, cafodd Erich ddianc gyda *thystysgrif* – i ddangos ei fod wedi pasio'r prawf.

"Wel, da iawn, Erich," meddai Gwyn, wedi iddyn nhw dalu'r gweinydd.

"Druan ag Erich, rwyt ti'n ei feddwl," ochneidiodd András. "Ro'n i'n teimlo embaras llwyr."

"Twt," meddai Gwyn. "Roedd hi'n noson dda. Hwyl *diniwed* oedd e, dyna i gyd. Ychydig o dynnu coes. Doedd dim ots gan Erich."

Nac oedd, doedd dim ots gan Erich.

fair play

he folded

punishment

complicated

certificate

innocent

Wrth iddyn nhw adael, roedd Erich
yn dal wrth y bwrdd a'i ben ar y *lliain
bwrdd*. Yn gweld lliwiau coch, du a gwyn
y brethyn yn *gymysg* i gyd.

Penderfynodd y tri fynd adref mewn
tacsi. Doedd y Metro ddim yn rhedeg
yn *gyson* yn ystod y nos. Doedd dim
amynedd gyda nhw i aros am y trên
nesaf. A doedd arian ddim yn broblem.

Eisteddodd András yn y blaen ac
aeth Anna a Gwyn i'r sedd gefn. Roedd
y ddau wedi meddwi. Tynnodd Gwyn
Anna ato. Yn araf bach. Doedd e ddim
eisiau tynnu sylw András na'r gyrrwr.
Symudodd Anna ato. Rhoddodd Gwyn ei
fraich chwith am ei chanol. Rhedodd ei
law dde ar ei *chluniau*. Teimlodd Anna'n
rhoi ei llaw hi ar ei goes e. Trueni eu
bod nhw mewn tacsi, meddyliodd Gwyn.
Cusanodd hi. Yn hir. Roedd hi'n ymateb
iddo. Doedd e ddim wedi teimlo fel
hyn ers tro. Allan o *reolaeth*. Yn *rhemp*.
Tynnodd ei blows allan o'i sgert a
symudodd ei law dde i fyny. Gwasgodd
hithau ei goes. I'w *annog*.

Edrychodd Gwyn i fyny a gweld
wyneb y gyrrwr yn y drych – yn gwenu.
Na, meddyliodd. Nid dyma'r lle na'r
amser. Ond efallai cyn hir…

tablecloth

mixed

regular

thighs

control rampant

to encourage

Dydd Sadwrn

PENNOD 12

peace and quiet

Roedd Margit yn teimlo'n well erbyn
y bore. Ar ôl cyrraedd y fflat, aeth i'w
hystafell yn syth. I gael *llonydd*. Roedd
ei rhieni'n gwylio ffilm hwyr ar y teledu,
ond aeth hi ddim atyn nhw.

self-pity

Wrth deithio adref, roedd hi'n teimlo
hunandosturi mawr. Roedd hi'n gwybod
bod hynny'n wael, ond roedd hi'n methu
teimlo'n wahanol. Dylai ddiolch am gael
rhieni hyfryd a swydd dda. Dylai fod
yn edrych ymlaen at y dyfodol. Yn lle

negative

hynny, roedd hi'n meddwl yn *negyddol*.
Colli baban annwyl. Priodas wedi methu.
A Gwyn, yr unig ddyn roedd hi wir wedi
ei garu – roedd e wedi anghofio amdani.
Roedd cofio am y gorffennol yn rhy

painful

boenus weithiau.

Ond erbyn y bore, roedd hi'n teimlo'n
well. Aeth draw i'r gwesty i gwrdd
â Rolf a'r Almaenwyr. Roedden nhw
mewn hwyliau da hefyd. Daeth Heinrich
a Christa dros y sioc o golli'r pwrs, a
Heinrich yn gwneud jôc am yr holl beth.

"I ble ry'n ni'n mynd heddiw, 'te,
Margit?" gofynnodd. "I rywle heb lyn – a

thieves
heroes

heb *ladron*, gobeithio!"

"I Sgwâr yr *Arwyr* i ddechrau," atebodd
Margit. "Wedyn mae dewis gyda chi. Mae

Amgueddfa'r *Celfyddydau Cain* yno. Dyna un dewis. Dewis arall yw mynd i faddonau Széchenyi. Does dim rhaid i chi ddod, wrth gwrs. Ond mae'n un o brofiadau gorau Budapest. Ac maen nhw'n dweud bod y dŵr poeth yn dda i chi."

Edrychodd Margit ar y criw. Faint o'r rhain fasai eisiau mynd i nofio, tybed?

"Dewch â'ch dillad nofio os ydych chi eisiau dod i'r baddonau," ychwanegodd. "Mae rhai baddonau yn Budapest i fenywod a dynion *ar wahân.* Mae rhai pobl yn nofio'n *noeth.* Ond dydy hynny ddim yn bosibl ym maddonau Széchenyi."

"Yn anffodus," meddai Rolf gan roi winc i Margit. Chwarddodd pawb yn uchel.

Roedd Sgwâr yr Arwyr yn lle da i dynnu ffotograffau. Ffotograffau o'r grŵp o dan y *golofn* fawr â'r Archangel Gabriel arni. Ffotograffau o'r *cerfluniau* o *arweinwyr* enwog Hwngari.

Aeth pawb ond *dwsin* o'r twristiaid i'r amgueddfa. Penderfynodd Rolf aros gyda nhw.

"*Dof* i draw wedyn," meddai wrth Margit. "Paid â gadael tan i mi gyrraedd. Cofia nawr."

Gwenodd ar Margit. Cododd ei chalon. Oedd, roedd hi'n teimlo'n llawer gwell.

Cerddodd Margit â'r dwsin *dewr* drwy Barc y Ddinas i Faddonau Széchenyi. Roedd hi'n anodd credu mai baddonau oedd yr adeilad mawreddog. Roedd e'n edrych fel amgueddfa neu adeilad *senedd*, hyd yn oed. A'r cyntedd y tu fewn yn *foethus* hefyd. Darluniau *mosaig* a marmor. Roedd pawb yn rhyfeddu at y cyfan.

"Wel, dyma ni," meddai Margit wrth y grŵp bychan. "Dyma faddonau mwyaf Ewrop. Mae *ffynhonnau* poeth yma. Cawson nhw eu *darganfod* yn 1876. Cafodd yr adeilad yma ei godi, ac agorodd y baddonau yn 1913. Mae pyllau cynnes a phoeth yn yr awyr agored. Ac ystafelloedd stêm y tu mewn. Felly, digon o ddewis i bawb. Iawn... beth am i ni fynd i newid. Beth wnawn ni? Beth am gwrdd wrth y pyllau awyr agored mewn chwarter awr?"

I ffwrdd â phob un i newid. Yn y diwedd, *daeth pawb i'r golwg*. Pawb yn eu gwisgoedd a'u hetiau nofio. Yn gwenu'n nerfus. Roedd hwn yn brofiad newydd arall eto.

Roedd dewis o dri phwll – cynnes, *cynhesach* a phoeth. Ar ôl ychydig, dechreuodd pawb ddod yn fwy *hyderus*. Symud rhwng y pyllau. Edrych ar bobl yn chwarae *gwyddbwyll* yn y dŵr. Mwynhau'r Jacuzzi. Mewn un pwll, roedd y dŵr yn symud *bob hyn a hyn*. Yn llifo fel afon. Yn gyrru pawb o gwmpas mewn cylch. Roedd yr Almaenwyr wrth eu bodd. A Margit yn ymlacio hefyd.

* * *

Doedd Gwyn ddim yn teimlo'n rhy dda ar ôl deffro. Roedd e wedi cysgu'n drwm. Ond erbyn y bore, roedd yn talu'r pris. Y pris am yfed gormod o win 'gwaed y tarw'. Gwenodd yn flinedig ar ei hunan yn y drych. Roedd hi wedi bod yn noson dda, *serch hynny*. Oedd, roedd e wedi mwynhau. Mwynhau cwmni András. Mwynhau tynnu coes Anna. Mwynhau, a gwybod bod dim rhaid gweithio yn y bore.

Fel arfer, roedd Gwyn yn mynd i'r swyddfa ar fore Sadwrn. I gael llonydd i wneud gwaith papur. Doedd neb llawer yn ffonio. Felly roedd yn gwneud llawer iawn o waith. Yn y prynhawn, roedd yn mynd i weld y clwb rygbi lleol yn chwarae. Ar ôl y gêm, roedd yn aros o gwmpas yn y bar. Cael sgwrs a hwyl gyda'i ffrindiau. Hen ffrindiau ysgol. Roedd Gwyn yn falch ei fod wedi aros yn ei *gynefin*. Roedd pawb yn ei adnabod. Pawb yn gwybod ei hanes. Ond doedd hynny ddim yn beth da bob amser...

Ond heddiw? Beth roedd Anna wedi'i ddweud? Rhywbeth am faddonau

Széchenyi, meddyliodd. Ie, dyna ni.
Roedd e'n teimlo fel eistedd mewn
ystafell stêm. *Chwysu*'r alcohol o'i gorff.
Cyfle i weld Anna eto. Cofiodd am y
pum munud gwyllt yn y tacsi. Teimlai yn
euog. Ond gwenodd hefyd. Oni bai am
András a gyrrwr y tacsi...

Ar ôl brecwast hir, cyrhaeddodd
Gwyn y baddonau. Roedden nhw wedi
cael eu *hadnewyddu*. Y tro diwethaf
roedd e wedi bod yma gyda Margit,
roedden nhw'n edrych yn eithaf diflas.
Cofiodd yn sydyn fel roedden nhw wedi
cael gêm o wyddbwyll yn un o'r pyllau.
A hi enillodd, wrth gwrs. Roedd hi'n
chwarae'n llawer gwell na fe.

Doedd Gwyn ddim yn disgwyl ei
gweld hi yma heddiw. Doedd grwpiau
o dwristiaid byth yn dod i'r baddonau.
Ambell *unigolyn*, efallai, ond ddim
grwpiau fel roedd gyda Margit fel arfer.
A wel, dyna ni, meddyliodd. Efallai y
bydda i'n ei gweld hi eto. Y tro nesaf
bydda i yn Budapest. Cawn ni sgwrs,
efallai. Fel hen ffrindiau.

Gadawodd ei ddillad a'i sbectol ac
aeth i'r ystafelloedd stêm. Doedd e ddim
yn gweld yn rhy dda. Ond doedd sbectol
yn *dda i ddim* yn y stêm, beth bynnag.

Pwysodd yn ôl yn erbyn y wal, a
theimlo'i gorff yn cynhesu. Cyn hir,
gallai weld *diferion* bach yn dechrau

ymddangos ar ei groen. Mewn pum munud, roedd ei groen yn wlyb i gyd. Roedd hi'n boeth. Yn rhy boeth.

Penderfynodd fynd i'r pwll bach oer yng nghanol yr ystafell. Oer, oer, oer, meddyliodd wrth roi blaen ei droed ynddo. *Mentrodd* gerdded i mewn. Mor oer â'r môr ym Mhorthcawl pan oedd yn blentyn. Ond roedd yn teimlo'n well wedyn. Aeth yn ôl i'r gwres. Gallai wneud hyn drwy'r dydd, meddyliodd yn hapus.

he ventured

* * *

Roedd Margit yn ymlacio yn y pwll poeth. Roedd pedwar neu bump o'r Almaenwyr ym mhob un o'r pyllau. Yn codi llaw bob hyn a hyn. Yn gwenu ar ei gilydd. Yn gwybod eu bod yn cael profiad *bythgofiadwy*. Edrychodd Margit i fyny ar yr adeiladau melyn tywyll o gwmpas y pyllau. Roedden nhw wedi bod yma ers *canrif*. Yn gwylio pobl yn ymlacio yn y pyllau cynnes. Drwy'r flwyddyn. Hyd yn oed pan oedd hi'n bwrw eira.

unforgettable

century

Yn sydyn, clywodd Margit sŵn *cynnwrf* yn y pwll pellaf. Y pwll lle roedd y dŵr yn llifo fel afon bob hyn a hyn. Clywodd *leisiau*. Lleisiau'n siarad Almaeneg. Lleisiau'n gweiddi Almaeneg. Roedd rhywbeth yn bod.

commotion

voices

Aeth Margit allan o'r pwll poeth yn gyflym a rhedeg draw at yr Almaenwyr.

"Mae Trude yn methu dianc rhag y *llif*," *gwaeddodd* rhywun. "Mae'n methu rhoi ei thraed ar y llawr!"

Gallai Margit weld het nofio Trude yn symud o gwmpas yn y dŵr. Yn codi bob hyn a hyn. Ond doedd wyneb Trude ddim yn ymddangos.

Rhedodd Margit i'r pwll. Roedd hi'n amhosibl nofio yn erbyn y llif. Gwell oedd aros tan i Trude ddod heibio. Aros am ddeg eiliad hir. Dyma hi'n dod...

Cydiodd Margit yn Trude a'i thynnu o'r llif. Rhoddodd ei llaw o dan ei phen a'i godi i wyneb y dŵr. Ymddangosodd wyneb Trude. *Poerodd* ddŵr o'i cheg. Roedd ei llygaid yn goch.

"Dw i ddim yn gallu nofio," meddai, a *pheswch* dros bob man.

* * *

Hanner awr yn ddiweddarach, roedd Margit ar ei phen ei hun eto. Yn y pwll poeth. Roedd pawb arall wedi penderfynu mynd ar ôl gweld Trude bron â boddi.

"Arhoswch chi, Margit fach," dwedodd Trude. "Does dim rhaid i chi adael. Gwelwn ni chi'n ôl yn y gwesty wedyn. Ry'ch chi'n haeddu cael amser i ymlacio. Diolch am *fy achub* i!"

current
shouted

he spat

to cough

to rescue me

88

Roedd Margit wedi gwenu. Wedi diolch i Trude am ddiolch iddi hi. Ac wedi ffarwelio â phawb. Yn *ddiolchgar*, tasai hi'n onest.

Roedd hi'n braf yn y pwll poeth. Ond roedd Margit yn teimlo fel newid. Penderfynodd fynd i mewn i'r ystafell stêm. Cerddodd draw i'r gornel. Roedd y stêm yn *drwchus*. Doedd hi ddim yn gallu gweld yn dda iawn. Pwysodd ei phen yn erbyn y wal a chau ei llygaid. Tybed pryd roedd Rolf yn mynd i gyrraedd?

Roedd Gwyn wedi ymlacio'n llwyr. Roedd e'n cau ei lygaid ac yn hanner cysgu. Roedd e'n anadlu'n drwm. Yn *breuddwydio*. Roedd e yn ei fflat newydd. Mewn gwely mawr. Gydag Anna.

Agorodd ei lygaid. Drwy'r stêm, gallai weld rhywun yn cerdded i gornel arall yr ystafell. Menyw ifanc. Mewn gwisg nofio ddu. A chap gwyn am ei phen. Roedd rhywbeth yn *gyfarwydd* amdani. Yn y ffordd roedd hi'n cerdded. Tybed? Doedd e ddim yn gweld yn iawn. Roedd gormod o stêm. Doedd dim sbectol ganddo. Ai Anna oedd hi? Teimlodd yn gyffrous iawn. Roedd hi wedi dweud ei bod hi'n dod. A nawr, dyma hi.

Roedd hi wedi mynd i eistedd yng

grateful

thick

to dream

familiar

nghornel bellaf yr ystafell. Doedd e ddim yn gallu ei gweld o gwbl. A ddylai fynd draw ati? Beth os mai rhywun arall oedd hi? Edrychodd eto. Na, roedd e'n dechrau amau nawr. Nid hi oedd hi wedi'r cyfan. Roedd e wedi aros yn rhy hir yn y stêm. Roedd e'n dechrau drysu. Ac yn breuddwydio. Ac eto, roedd rhywbeth am y ffordd roedd hi'n cerdded.

O'r diwedd cododd ar ei draed. Cerddodd draw yn araf ati. Wrth iddo ddod yn nes ati, cododd y ferch ei phen a thynnu'r cap oddi ar ei phen.

Daeth gwallt hir i'r golwg. Gwallt cyrliog brown.

drew deep breath

Tynnodd Gwyn *anadl ddofn.* Oedd, roedd e'n ei hadnabod. Ond nid Anna oedd hi.

"Margit," meddai Gwyn.

Edrychodd Margit arno. Roedd hi'n edrych wedi drysu.

"Margit," meddai Gwyn eto. "Margit, fi sy 'ma. Gwyn. Ti'n cofio?"

Eiliad o dawelwch. Oedd hi'n ei adnabod? Oedd hi eisiau ei adnabod? Roedd calon Gwyn yn curo.

"Gwyn?" meddai hi a chodi ar ei thraed.

Cydiodd Gwyn yn dynn amdani. A phlannu ei wyneb yn ei gwallt cyrliog.

"Margit," sibrydodd yn ei chlust.

Symudodd hi yn ôl oddi wrtho. Suddodd calon Gwyn. Roedd hi'n syllu arno fel tasai hi erioed wedi'i weld. Oedd hi'n methu maddau iddo? Ond, daeth hi ato, rhoi ei dwylo bob ochr i'w ben a'i gusanu'n hir.

"Gwyn," sibrydodd Margit. "Rwyt ti wedi dod i 'ngweld i – o'r diwedd."

Mynnwch y gyfrol gyntaf yng nghyfres
y Golau Gwyrdd

Y Tŷ ar Lôn Glasgoed

Sonia Edwards

Nofel fywiog ond iasoer sy'n mynd â dwy ffrind i fyd
ysbrydion.

'Nain oedd yn edrych ar fy ôl i, ond aeth hi'n sâl, do? Ac
wedyn doedd 'na neb. Mi fues i am ychydig mewn cartre
plant nes fy mod i'n un deg chwech oed. Cic allan ar fy
nhin wedyn. Byw'n ryff. Drysau siopau. Heroin. A hyn...'

£3.95 ISBN: 0862437741

PILLGWENLLY

14-03-18

Am restr gyflawn o lyfrau'r Lolfa, mynnwch
gopi am ddim o'n catalog
neu hwyliwch i mewn i'n gwefan

www.ylolfa.com

lle gallwch archebu llyfrau ar-lein.

TALYBONT CEREDIGION CYMRU SY24 5HE
ebost ylolfa@ylolfa.com
gwefan www.ylolfa.com
ffôn 01970 832 304
ffacs 832 782

Holwch am bris argraffu!
01970 832 304